BIBLIOTHÈQUE

DES

ÉCOLES CHRÉTIENNES

APPROUVÉE

PAR S. ÉM. LE CARDINAL ARCHEVÊQUE DE TOURS

Propriété des Éditeurs,

SIÈGE DE SÉBASTOPOL.

Prise d'assaut de la tour Malakoff.

HISTOIRE DU SIÉGE

ET DE LA PRISE

DE SÉBASTOPOL

PRÉCÉDÉE

D'UNE NOTICE HISTORIQUE SUR LA CRIMÉE

ET SUR LES CAUSES
ET LES PRINCIPAUX ÉVÉNEMENTS DE LA GUERRE D'ORIENT

PAR J.-J.-E. ROY

TOURS

A^d MAME ET Cie, IMPRIMEURS-LIBRAIRES

M DCCC LVI

NOTICE HISTORIQUE

SUR LA CRIMÉE

Avant de parler de la guerre que nous venons de soutenir en Orient, nous croyons nécessaire de donner une description sommaire du principal théâtre de cette guerre, ainsi qu'un aperçu succinct de l'histoire d'un pays dont le nom vient d'avoir un si grand retentissement, et qui sera désormais inscrit d'une manière si glorieuse dans les fastes militaires de la France.

La Crimée, la *Chersonèse Taurique* des anciens, appelée aussi la Tauride, est une presqu'île de la mer Noire formant un quadrilatère irrégulier, dont les quatre angles correspondent aux quatre points cardinaux, et qui se rattache au continent par sa pointe septentrionale. Sa plus grande longueur, de l'est à l'ouest, est de trois cents verstes, et du sud au nord de cent quatre-vingts seulement. La superficie de la presqu'île est de treize mille neuf cents verstes carrées (1).

L'isthme étroit qui réunit la Crimée à la terre ferme (Russie méridionale) était appelé *Taphros* par les anciens, mot grec qui signifie fossé, retranchement, parce que de temps immé-

(1) La *verste* ou *werst* est d'environ un kilomètre (1 k. 067).

morial cet isthme a été coupé par un fossé qui s'étendait d'une mer à l'autre, comme moyen le plus simple d'isolement et de défense du seul point continental par lequel la péninsule pût être envahie. Les Russes donnent à cet isthme le nom de *Pérécop*, qui, dans leur langue, a la même signification. Tout le côté qui s'étend de Pérécop au détroit de *Iénikalé* est déchiré par les envahissements du Palus-Méotide. Ces eaux stagnantes, qui ne communiquent à la mer d'Azof que par le passage d'*Yenitski*, situé à l'extrémité septentrionale de cette longue bande de terre appelée la Flèche d'Arabat, s'infiltrent dans l'intérieur des terres, et deviennent des marais infects, appelés *mer Putride* par les anciens, et *Sivash* par les modernes. L'angle oriental de la Crimée présente un développement considérable, et forme lui-même une seconde péninsule, appelée autrefois presqu'île *Trachée* ou royaume de Bosphore, dont la capitale était Panticapée (aujourd'hui Kertch). C'était la résidence de l'illustre Mithridate Eupator, roi de Pont, qu'il suffit de nommer pour réveiller le souvenir de ses victoires et de ses qualités, de ses revers et de ses fautes. La pointe occidentale est un steppe qui n'offre d'intéressant que la ville et le golfe d'Eupatoria, premier point où nos soldats ont débarqué en Crimée. La côte, en descendant d'Eupatoria vers le sud, est entrecoupée de marais salants et de petits ruisseaux souvent à sec pendant les chaleurs de l'été.

La partie méridionale de la péninsule est riche en souvenirs historiques, sans parler encore de ceux qui vont s'y rattacher désormais. Le golfe de *Cténos*, décrit avec tant de précision par Strabon, est la rade sur laquelle a été construit Sébastopol. Non loin de là on retrouve l'antique *Chersonesus*, dans la petite péninsule héracléotique; le cap *Parthenium*, où, selon une tradition fabuleuse, Iphigénie fut sur le point d'immoler son frère ; le port des *Symboles,* aujourd'hui Balaclava ; enfin les colonies milésiennes, asiatiques et génoises, dont la rive est bordée depuis le *Krioû-Metôpon* (Front de Bélier) des anciens, jusqu'à Théodosie, aujourd'hui Caffa.

L'intérieur de la Crimée n'est qu'un immense steppe. La monotonie que présente l'aspect de cette vaste plaine n'est interrompue que par un nombre assez considérable de petites élévations, pyramides construites à une époque dont le souvenir s'est effacé, pour servir de sépulture à d'anciennes générations depuis longtemps oubliées. Ces espèces de *tumuli* sont appelés *kourgans* par les Tatars, qui souvent y établissent leur demeure, après avoir creusé dans l'intérieur un espace assez grand pour les contenir, eux et leur famille.

Vers le sud, le steppe s'élève sensiblement, et l'on y trouve enfin la région des montagnes, dont la chaîne borne le littoral de la mer Noire depuis la presqu'île héracléotique jusqu'au Bosphore Cimmérien. Le plus haut sommet de cette chaîne est situé dans le voisinage de Symphéropol et de Batchi-Séraï; c'est le mont Trapèze des anciens, aujourd'hui *Tchatir-Aagh ;* il s'élève à une hauteur de quinze cent soixante mètres environ au-dessus du niveau de la mer. « Il faut, dit Malte-Brun, trois grandes heures de marche pour parvenir à son sommet; mais on est amplement dédommagé des fatigues du chemin par la vue charmante et délicieuse dont on y jouit ; l'on voit cette jolie presqu'île dans toute son étendue ; quel beau coup d'œil *autrefois,* lorsque, sous la domination des Tatars, elle était remplie de villes florissantes ! On y remarque très-distinctement, vers le nord, Pérécop; vers l'ouest et le sud, l'œil plane sur la mer Noire ; on découvre dans le lointain et vers l'est, la mer d'Azof (1). »

(1) Malte-Brun, *Géographie universelle,* t. III, p. 441.

De tout l'empire russe, la partie la plus tempérée et la plus fertile est cette suite de belles vallées demi-circulaires, et disposées en amphithéâtre, qui s'étendent au pied de ces montagnes, le long des côtes de la mer Noire. « Ces vallées, écrivait il y a soixante ans le savant voyageur Pallas, ces vallées, qui jouissent du climat de l'Anatolie et de l'Asie-Mineure, où l'hiver se fait à peine sentir, où les primevères et les safrans printaniers poussent en février, et quelquefois au mois de janvier; où le chêne conserve quelquefois pendant l'hiver ses feuilles vertes; ces vallées sont, pour la botanique et l'économie rurale, la partie la plus estimable de la Tauride, et peut-être de tout l'empire. Là le laurier, toujours verdoyant, s'associe à l'olivier, au figuier, au micocoulier, au grenadier, au celtis, restes peut-être de la culture grecque; le frêne mannifère, le térébenthinier, le sumach, le baguenaudier, le ciste à feuilles de sauge, l'émérus et le fraisier-arbousier de l'Asie-Mineure, croissent partout en plein vent... Dans ces vallées, le noyer et tous les arbres fruitiers sont les plus communs de la forêt, ou plutôt la forêt n'est qu'un jardin fruitier abandonné à lui-même. On y voit les câpriers spontanément disséminés sur les bords de la mer. Les vignes domestiques et sauvages s'élèvent à l'envi sur les plus hauts arbres, retombent, se relèvent encore, et forment avec la viorne fleurie des guirlandes et des berceaux, sans aucun emploi de l'art. La réunion des belles horreurs que présentent ici tant de montagnes élevées et tant de rochers immenses tombés en ruine, avec les jardins et la verdure la plus riche; les fontaines et cascades naturelles qui ruissellent de tous côtés; enfin, le voisinage de la mer, qui offre un lointain sans bornes, rendent ces vallées les plus pittoresques et les plus charmantes que le génie poétique le plus exalté puisse imaginer ou peindre. La vie simple des bons montagnards tatars qui habitent ces vallées enchantées, leurs chalets couverts de terre, à moitié taillés dans le roc, sur la pente des montagnes et presque cachés dans l'épais feuillage des jardins environnants; les troupeaux de chèvres et de petites brebis répandus sur le flanc des rochers solitaires des environs, et le son de la flûte du berger résonnant entre ces rochers, tout retrace ici l'âge d'or de la nature, tout fait aimer la vie simple, champêtre et solitaire, et l'on recommence à chérir le séjour des mortels, que les horreurs des guerres, le détestable esprit de fourberie commerçante répandu dans les grandes villes, et le luxe accompagné des vices de la grande société, rendent presque insupportable au sage recueilli (1). »

Parmi ces vallées pittoresques, il en est une qui mérite une mention spéciale, c'est celle de Baïdar, à quelques verstes de Balaclava : c'est une plaine bien cultivée, de seize verstes de longueur sur quatre de largeur, encadrée de hautes montagnes d'où s'échappent de minces filets d'eau qui coulent, silencieux et inaperçus, dans les interstices des rocs, et entretiennent incessamment la verdure et la fraîcheur de la vallée. Des champs de blé entourés de haies vives, des jardins délicieux, des villages d'une grande propreté, des prairies émaillées de fleurs brillantes, des rideaux de saules et de peupliers, des bouquets de lauriers, des bois de grenadiers, de dattiers, réclament de tous côtés l'admiration du voyageur.

Les grains de la Crimée formaient autrefois une importante branche de commerce, que les guerres d'invasion ont ruinée sensiblement. Toute la plaine qui se trouve comprise dans la presqu'île Trachée, sur la route de Caffa à Kertch, aujour-

(1) Pallas, *Tableau physique et topographique de la Tauride.*

d'hui inculte, était, dans un temps, couverte de céréales, dont la récolte donnait de quinze à vingt pour un.

La culture de la vigne paraît devoir remplacer aujourd'hui celle des céréales. On compte en Tauride quatorze espèces de raisins, mais qui sont plutôt employés comme dessert que pour produire du vin. Cependant le vin de Soudak ressemble au Champagne, et l'on en évalue la récolte à environ sept millions de bouteilles. Depuis quelque temps les grands seigneurs russes achètent des terres sur cette côte, y font construire des châteaux et planter des parcs magnifiques, et en même temps ils y font des essais de culture, dans l'espoir de boire bientôt du Bourgogne et du Bordeaux de leur propre cru. Un des effets de la dernière guerre sera probablement d'ajourner ces espérances à une époque beaucoup plus éloignée.

Le climat de la péninsule est sain et agréable dans la partie montagneuse du sud-est; il l'est moins dans l'intérieur, et surtout aux environs de la mer Putride. Là règnent quelques fièvres endémiques qui atteignent surtout les étrangers. Généralement le ciel est pur, et l'air modérément chaud; mais dans les plaines le froid et la chaleur sont plus sensibles, et deviennent souvent fort incommodes.

Il résulte de renseignements puisés à des sources sûres, que le total des habitants de la Crimée, non compris les femmes, ne dépasse pas en nombre rond deux cent mille. Ce chiffre se décompose de la façon suivante : cent cinquante-six mille Tatars, dont quatre-vingt mille paysans agriculteurs ou pasteurs, seize mille imans ou mollahs, à la fois prêtres ou juges, dix mille myras ou nobles, espèce de seigneurs féodaux, dont l'influence et les priviléges n'ont résisté qu'à grand'peine à la domination étrangère; cinquante mille bourgeois ou petits commerçants, renfermés dans les villes. La population chrétienne ne s'élève pas au-dessus de vingt-deux à vingt trois mille âmes ; elle est entièrement d'origine européenne. On n'estime pas à plus de trois mille le nombre des Russes établis en Crimée depuis la conquête : dans ce nombre, bien entendu, ne sont point compris les employés du gouvernement, ni les soldats occupant les diverses garnisons et postes de la presqu'île. La Turquie, et plus particulièrement Constantinople, ont fourni un contingent de dix mille Grecs, fixés pour la plupart à Eupatoria et à Balaclava. Cinq mille Arméniens, tout au plus, ont suivi le même exemple, et six mille Polonais, Allemands et Français, population plus flottante que stable, ou ayant au moins conservé un certain esprit de retour, complètent ce recensement.

La population de la Crimée se compose donc d'éléments tout à fait hétérogènes ; mais la race tatare, la plus anciennement fixée dans ce pays, prend seule ici une physionomie locale.

La religion des Tatars est un mahométisme mêlé de pratiques superstitieuses et souvent même d'idolâtrie. Il y a parmi eux, ainsi que nous venons déjà d'en faire la remarque, des nobles et des serfs ; mais le servage est loin de ressembler ici à celui de Russie, où le paysan subit un esclavage aussi dur que dégradant. En Crimée, il est vrai, comme en Russie, les nobles seuls ont le droit de posséder des terres ; mais les paysans ne sont point un objet mobilier attaché à ces terres ; ils les cultivent comme fermiers ou comme mercenaires, moyennant une redevance fixée à l'amiable, ou une prestation en nature qui ne dépasse pas deux jours par semaine ; du reste, il sont très-bien traités par leurs seigneurs.

Chaque village est encore gouverné par son *mursa* ou chef électif, qui exerce la justice ordinaire et la police locale. Les habitations des Tatars rappellent la simplicité des premiers âges ; des poutres, ou plus souvent des branches d'arbre, placées d'une manière assez irrégulière les unes sur les autres, et dont chaque intervalle est rempli de mousse; des toits couverts en paille ou en bois, et sur lesquels sont étendues des pierres destinées à les contenir : voilà ce qui compose la demeure des paysans. Celles des nobles sont également des bâtiments très-légers et d'un seul étage; quelques colonnes sveltes en bois, et peintes de vert, de rouge et de jaune, voilà tous les ornements extérieurs. Dans l'intérieur on ne voit ni tables, ni chaises, ni aucun meuble de bois. De larges coussins sont disposés autour des appartements pour s'y asseoir ou s'y appuyer. Les paysans placent de préférence leurs cabanes dans la partie la plus sombre et la plus touffue des bois; c'est là qu'ils aiment à accueillir un étranger et à lui prodiguer les soins de l'hospitalité, avec une franchise et une cordialité que l'on chercherait vainement chez les Grecs du même pays. Dans les maisons des riches, on présente au nouveau venu une longue pipe à tube de cerisier, terminée par un morceau d'ambre ou d'ivoire; puis on lui offre le miel, si exquis dans toute la Crimée, les fruits de la saison et le lait caillé.

Les Tatars mangent avec leurs doigts; mais ils n'omettent jamais de se laver les mains avant et après le repas. Les murs de leurs salles à manger son garnis de serviettes d'une grande propreté, ornées même de dentelles. Les femmes ont un appartement et quelquefois une maison à part. L'habillement de ce peuple offre un mélange du costume des Arméniens et de celui des Turcs avant la réforme introduite par le sultan Mahmoud. Comme tous les voisins et tous les sujets de la Russie, les Tatars n'aiment guère les manières des Russes ni leur façon de penser; aussi ne se soucient-ils pas beaucoup d'apprendre la langue russe, et même leur aversion pour cette nation est poussée si loin, qu'ils ont accueilli avec joie l'arrivée des armées alliées dans leur pays, malgré les maux inséparables qu'entraîne la guerre, mais qui leur auraient paru suffisamment compensés si elle les eût délivrés de la domination moscovite. Au reste, tous ceux qui ont vu ce pays font le plus grand éloge de leurs qualités morales. On remarque surtout parmi eux une grande douceur, beaucoup de générosité, une noble simplicité vraiment patriarcale, et un grand empressement à exercer l'hospitalité.

Les premiers habitants de la Crimée étaient les Taures ou Tauro-Scythes, peuples barbares qui occupèrent sans partage ce pays jusqu'au ve siècle avant Jésus-Christ; ce sont eux qui donnèrent à la péninsule le nom de Tauride. Dès le viie siècle avant Jésus-Christ, des colonies grecques appartenant pour la plupart à la puissante Milet, vinrent s'établir en Tauride. Les Héraclides de Mégare et ceux du Pont fondèrent dans la péninsule du sud-ouest la ville de Cherson, (*Chersonesos*), longtemps gouvernée en république sous la tutelle de la métropole, et devenue si célèbre, qu'il fut un temps où la Crimée n'eut pas d'autre nom que celui de Chersonèse. Dans la presqu'île Trachée, les Milésiens jetèrent vers cette même époque les fondements de *Panticapée* (aujourd'hui Kertch), destinée à devenir un jour la capitale d'un empire florissant. Cette ville peut être considérée comme la mère des colonies milésiennes du Bosphore Cimmérien.

Parmi les autres établissements que les Grecs formèrent dans la Tauride, nous mentionnerons *Théodosie*, aujourd'hui Caffa; *Cytée*, *Nymphaios*, aujourd'hui Apouk; *Myrmecium*, *Palakion* et *Lampas*; *Achillœum*, au débouchement du Palus, à l'endroit où le Bosphore est le plus étroit; plus loin sur le littoral du Pont-Euxin, *Portus-Sindicus*, maintenant Soudjoukkalé.

Au v⁰ siècle avant notre ère, les colonies grecques, étant devenues assez puissantes pour maîtriser les barbares, étendirent leur domination dans la péninsule et sur la rive asiatique du Bosphore Cimmérien. Mais, continuellement exposés aux agressions d'une nuée de barbares, elles résolurent de se soumettre à une volonté unique et puissante, capable de prendre les mesures qu'exigeait la position des colonies sur les confins du monde civilisé. Ainsi fut fondé le royaume du Bosphore Cimmérien, qui jeta tant d'éclat sous Mithridate, et qui se soutint, avec des fortunes diverses, jusqu'au v⁰ siècle de notre ère, après une durée d'environ mille ans (1).

A cette époque, où des légions de barbares sorties des régions hyperboréennes venaient ravager le midi de l'Europe, la Tauride ne fut pas épargnée au milieu de ces grandes invasions. Les Goths, établis un siècle ou deux entre le Danube et le Borysthène, sont chassés de ce pays par les Huns, et se jettent en fuyant dans la Crimée, la Caucase et l'Asie-Mineure. Quelques-uns passent le Danube, entrent dans la Pannonie, inondent les Gaules et l'empire romain, et déplacent subitement des nations entières. C'est un curieux spectacle que de voir ces hommes qui vaincus abandonnent leur propre territoire, et se présentent en vainqueurs sur celui des autres. Une de leurs plus puissantes tribus se fixe sur le littoral de la mer Noire, dans le royaume du Bosphore même ; c'est celle des Goths Tétraxites (2).

D'autres conquérants arrivèrent bientôt sur les traces des premiers. Les *Ougres* ou *Igours* pénétrèrent en Crimée, où

(1) Le royaume du Bosphore était tributaire de l'empire de Byzance.

(2) Des savants croient retrouver encore les descendants de ces Goths dans une partie des Tatars qui habitent le littoral méridional de la Crimée.

ils demeurèrent pendant deux siècles, en dépit de tous les efforts des Goths Tétraxites. Après eux, diverses tribus barbares, venues de l'intérieur de l'Asie, les *Avares* et les *Géourgen*, appartenant à la race turque, se heurtent tour à tour sur le sol de la Tauride, ne laissant aucun repos aux anciens peuples de cette contrée.

Les *Khazars* entrent dans la Tauride vers le milieu du viie siècle, y refoulent les Goths dans les montagnes, et fondent un empire florissant; la Crimée prend même le nom de *Khazaria*. Les villes grecques, quoique relevant toujours de la cour de Byzance, se soumettent à payer aux Khazars un tribut annuel. Après les Khazars viennent les Petchénègues, de race turque, qui vers la fin du ixe siècle s'emparèrent d'une partie de la Crimée, ou Khazarie proprement dite. Partout dans cette période nous voyons régner sur le sol de la presqu'île la désolation, l'anarchie et la misère, résultat inévitable d'une suite non interrompue de conquêtes et d'usurpations. Enfin, nous touchons au terme de cette triste époque, où tant de peuples barbares se sont rués les uns sur les autres, ne laisssant d'autre trace de leur passage que la destruction et la mort.

Les conquêtes de Gengis-Khan, ou Tchingis-Khan, qui devaient changer la face de l'Asie et une partie de celle de l'Europe, eurent une influence favorable sur le sort de la Crimée. Les lieutenants de ce grand conquérant pénétrèrent seuls en Russie et en Crimée. En 1237, Touchi-Khan, son fils, acheva la conquête des possessions russes en Europe, et Bathou-Khan, son petit-fils, fonda peu après, au nord de la mer Caspienne, l'empire du *Kaptchak,* qui s'étendait jusqu'au Dnieper. Les princes du Kaptchak s'intitulaient Khans de la Horde Dorée. En 1240, Bathou-Khan soumit la Crimée entière, l'incorpora à l'empire du Kaptchak, et choisit pour sa résidence une ville connue aujourd'hui sous le nom de *Eski-Krim*, l'ancienne Crimée.

La péninsule, depuis sa réunion dans les mains d'un pouvoir homogène, commençait à reprendre cette importance politique qui lui avait été enlevée par son démembrement intérieur à l'époque des invasions. En 1266, Mangou-Khan, successeur de Bathou-Khan, la céda à son neveu Oran, à titre de fief relevant de la suzeraineté du Kaptchak. Vers cette époque, une colonie génoise vint débarquer sur l'emplacement de l'ancienne Théodosie, et obtint du khan des Tatars, moyennant un riche présent, la permission d'y établir un comptoir de commerce et des magasins pour servir d'entrepôt de marchandises. Au lieu d'un simple entrepôt, ils bâtirent une ville qu'ils entourèrent de fortifications, et qui devint bientôt florissante. C'est la ville de Caffa, qui sut longtemps se rendre indépendante des khans de Crimée.

Dans les premières années du xve siècle, l'empire du Kaptchak, déjà affaibli par de nombreuses défections, succomba sous les coups de Tamerlan. Trois nouveaux États indépendants surgirent du démembrement du Kaptchak : le Khanat de Khasan, celui d'Astrakhan et celui de Crimée.

Un jeune homme de dix-huit ans nommé Hadjy, descendant de Bathou-Khan, et qui au milieu des persécutions dont sa famille avait été l'objet après la victoire de Tamerlan, avait trouvé un asile en Crimée, chez un simple berger nommé Ghéraï, fut reconnu comme souverain par tous les chefs et par le peuple de la péninsule. Hadjy, par reconnaissance pour son bienfaiteur, prit alors le nom de Ghéraï, et fut le chef d'une dynastie souveraine qui depuis l'année 1440 a donné des khans à la Crimée jusqu'en 1783, époque à laquelle la Russie s'empara de cette contrée.

Hadjy-Ghéraï régna glorieusement jusqu'en 1467. Son fils,

Menghély-Ghéraï I*er*, qui lui succéda, est le plus illustre des khans de la Crimée. Détrôné d'abord par son frère Hayder, il se réfugia chez les Génois de Caffa, qui l'accueillirent avec bienveillance et lui assignèrent pour résidence une forteresse nommée Mankoup, à douze verstes de Balaclava. Peut-être Menghély-Ghéraï eût-il terminé dans cet exil son obscure existence sans un événement qui, portant à la fois un coup terrible à ses protecteurs et à ses ennemis, lui rendit le sceptre et la liberté. Une querelle s'étant élevée entre les Génois et le khan usurpateur, Mahomet II, maître de Constantinople depuis plus de vingt ans, conçut le projet de se servir de ce différend pour intervenir dans les affaires de la Crimée. Il envoya une flotte de quatre cents galères, sous les ordres de son pacha Achmet, attaquer Caffa. Bientôt cette ville fut forcée de se rendre à discrétion ; quinze mille de ses habitants furent envoyés à Constantinople pour y être incorporés à la milice des janissaires, et le reste fut dirigé vers la même ville, pour être colonisé aux environs de Péra.

Les autres établissements génois tombèrent successivement au pouvoir des vainqueurs, et entre autres la forteresse de Mankoup, où se trouvait Menghély-Ghéraï. Ce prince, envoyé à Constantinople d'abord comme esclave, y fut reçu comme roi. Il fit avec Mahomet II un traité par lequel il admettait, pour lui et ses successeurs, la suzeraineté du Grand Seigneur, et le droit de celui-ci de nommer et de déposer les khans de Crimée. Il jurait de lui être fidèle, et de lui fournir, en cas de guerre, des subsides en hommes et en argent. De son côté, l'empereur ottoman reconnut Menghély-Ghéraï pour légitime souverain de la Crimée, s'engagea à le replacer sur son trône, lui accorda le droit d'arborer cinq queues pour étendard, et d'être nommé après lui dans les prières publiques ; enfin il déclara solennellement que si la race d'Othman venait à s'éteindre, celle des Ghéraï serait appelée à la remplacer. Depuis cette époque, les Grands Seigneurs, à leur avénement au trône, ont toujours renouvelé cette déclaration.

Le règne de Menghély-Ghéraï ne dura pas moins de trente-six ans ; ce fut une suite de guerres glorieuses contre le roi de Pologne et son allié le khan du Kaptchak, qu'il parvint même à renverser du trône. La Russie rechercha son alliance, et, par une de ces singularités que l'on rencontre quelquefois dans l'histoire, Menghély-Ghéraï devint le principal instrument de la puissance des Russes, qui devaient un jour détrôner ses descendants.

La guerre ne fut pas, toutefois, l'unique occupation de cet illustre monarque. Il protégea les arts, encouragea l'agriculture, et ne négligea rien de ce qui pouvait hâter la civilisation de ses peuples. Menghély releva les ruines d'Eski-Krim et de quelques autres villes que la guerre n'avait pas épargnées. Il fit bâtir plusieurs forteresses, des mosquées sans nombre et des palais d'une grande magnificence. *Bakhtchi-Séraï* (le palais des jardins) devint en particulier l'objet de ses soins, et acquit une telle splendeur, que depuis ce moment elle ne cessa pas d'être la résidence des khans de Crimée jusqu'à la chute de leur domination. On y voit encore leurs mausolées, et les restes de ce riche palais dû à la magnificence de Menghély. Deux inscriptions lapidaires attestent les titres de ce prince à la reconnaissance des amis de la belle architecture. Le palais des khans à Bakhtchi-Séraï, successivement embelli par les successeurs de Menghély, paraît encore aujourd'hui une de ces fantastiques conceptions dont les poëtes de l'Orient ornent leurs contes.

Pendant les trois cent quarante-trois ans que dura le règne de la dynastie des Ghéraï en Crimée, cinquante-un souverains appartenant à cette famille occupèrent tour à tour le trône.

Quelques-uns d'entre eux s'élevèrent à un haut degré de puissance, et étendirent leur domination bien au delà des bornes de la presqu'île.

Cependant, au commencement du XVIIIe siècle des événements d'une immense portée s'accomplissaient non loin de la Crimée. Le tzar Pierre Ier, à qui la Russie doit sa grandeur, avait entrepris en 1711 cette campagne qui, commencée à Pultava, se termina d'une façon si critique sur le Pruth (1). Baltadji-Méhémet-Pacha laissa échapper de ses mains la plus importante proie qu'ait jamais livrée la guerre à la fortune d'un général. Dewlet-Ghéraï régnait alors en Crimée; c'était lui qui avait surtout contribué à réduire le tzar à la dernière extrémité; aussi ne put-il pardonner au pacha grand-vizir sa condescendance achetée. Choisi plus tard, pour la quatrième fois, comme gouverneur de la petite Tartarie, Dewlet s'était rendu à Andrinople pour se concerter avec le divan sur la conduite d'une guerre nouvelle confiée à son expérience et à ses rares talents bien connus du Grand Seigneur.

Les conférences terminées, Dewlet allait monter à cheval pour retourner en Crimée, lorsqu'il s'arrête tout à coup un pied dans l'étrier :

(1) L'armée russe, forcée de faire retraite pour se soustraire à l'influence mortelle du climat, et vivement poursuivie, fut cernée sur les bords du Pruth, dans une position si désavantageuse, que Pierre Ier écrivait au sénat de Moscou : « Je me trouve ici enfermé dans mon « camp par une armée turque quatre fois plus forte que la mienne, les « vivres coupés, et sur le point de nous voir taillés en pièces ou faits « prisonniers, à moins que le Ciel ne vienne à notre secours. » Dans cette extrémité, Catherine, l'épouse du tzar, prit sur elle de traiter avec le grand-vizir, lui envoya toutes les pierreries et les bijoux qu'elle possédait, ainsi que tout l'or qu'elle put réunir en puisant dans la bourse des généraux. Baltadji-Méhémet, gagné par ces présents, consentit à traiter.

« Qui peut retarder ainsi Dewlet-Ghéraï? demande le sultan.

— J'attends, répond celui-ci, que tu m'envoies la tête de Baltadji-Méhémet. »

La tête fut apportée, et le sultan, en humeur de prévenance, y fit joindre encore la tête du reis-effendi et de l'aga des janissaires. Le khan de Crimée avait paru mécontent de ces deux hommes.

Les services de Dewlet-Ghéraï furent mal reconnus par la Porte. Le khan fut déposé et remplacé par Kaplan-Ghéraï, son frère; celui-ci fut à son tour déposé, puis relégué à Brousse. Pendant son exil trois khans occupèrent le trône; mais leur règne éphémère n'offre rien de remarquable.

Enfin Kaplan-Ghéraï fut rappelé de nouveau. Il était depuis peu de temps remonté sur le trône, quand une armée de cent mille Russes, commandée par le comte de Munich, envahit la Crimée (1736). Le retranchement de Pérécop fut emporté d'assaut; les Russes s'avancèrent jusqu'à Bakhtchi-Séraï, qu'ils prirent et brûlèrent; puis ils se retirèrent fatigués d'une si rude campagne dans un pays découvert et par une saison ardente. De leur côté, les Tatars, marchant presque sur les pas des Russes, portèrent le ravage dans la petite Russie. L'année suivante ce fut à recommencer : le comte de Lascy se présenta de nouveau avec une armée russe. La position de Pérécop, dont les ruines avaient été réparées, était cette année-là défendue par le khan en personne. Le général russe entra par le détroit de Yénitchi sur le sable de la Flèche d'Arabat; il se précipita sur la forteresse, qui n'était point défendue; puis, après avoir brûlé, disent les historiens, plus de mille villages dans le steppe de Crimée, Lascy se retira.

Une attaque audacieuse du khan obligea le comte de Lascy

à une troisième invasion. Cette fois l'armée russe, victorieusement repoussée, fut forcée d'abandonner son entreprise. Nous ferons remarquer en passant que les historiens russes ont soin d'attribuer la retraite de leur armée à la difficulté qu'elle éprouvait de subsister dans un pays si dévasté, et gardent le silence sur la défaite que leur firent éprouver les Tatars. Cette guerre, désastreuse pour les deux partis, se termina par un traité en 1740.

En ce temps-là, le khan était maître d'un vaste empire qui s'étendait bien au delà des limites de la Crimée. En effet, cet empire touchait aux possessions du Grand Seigneur sur le Danube : sa frontière septentrionale s'étendait jusqu'à la Pologne et à la petite Russie; à l'orient il atteignait Taganrog et descendait jusqu'au Caucase, qui le séparait de la Géorgie. Les Tatars occupaient la Crimée; les Nogaïs habitaient toute la partie qui s'étend du Danube au Don, en dehors de la presqu'île; les Circassiens ou Tcherkesses vivaient le long des bords orientaux de la mer Noire et sur les pentes du Caucase. De ces trois races, les Tatars de Crimée étaient sans contredit la plus policée. La prospérité d'un commerce longtemps exercé avec succès leur avait donné plus qu'aux autres l'avant-goût des plus faciles richesses de la vie. La culture de la terre était bien entendue en Crimée; l'instruction, depuis si longtemps répandue par de nombreuses écoles élémentaires, et l'organisation sédentaire en communes paternellement administrées, avaient adouci les mœurs de ces peuples. Les terres se divisaient en fiefs, ces fiefs étaient le partage de la noblesse; la Crimée même était fractionnée en quarante-huit districts ou *Kadiliks*. Les terres ne devaient point d'impôt au prince; seulement, lorsqu'il allait à la guerre, et les guerres étaient fréquentes, chaque kadilik lui devait fournir un chariot attelé de deux chevaux et chargé de grains. Le revenu du prince se composait du produit des salines, des douanes, des tributs qu'il tirait de la Moldavie, de la Valachie et des autres États tributaires, et surtout du butin fait à la guerre. Les khans étaient donc fort riches; mais en revanche leur générosité était toute royale. La race des Ghéraï semblait avoir reçu avec son rang cette vertu des grands princes qui rachète bien des vices. Nul d'entre eux n'a manqué à cette honorable bienfaisance; si quelque conseil d'épargne arrivait jusqu'à leur oreille, ils répondaient : « A quoi bon des trésors? qui a jamais vu un Ghéraï mourir de misère? »

Le khan pouvait mettre sur pied deux cent mille hommes sans dégarnir son pays. Une pareille armée ne coûtait guère, car les nobles se battaient à leurs frais, et les vassaux se nourrissaient eux-mêmes jusqu'au premier pillage; alors ils rentraient dans toutes leurs avances, et même au delà.

Ce tableau de la prospérité de la Crimée et de la puissance de ses khans au milieu du xviiie siècle, nous a été fourni par un écrivain (1) dont on n'accusera pas la partialité en faveur de ce peuple, devenu si misérable depuis qu'il est soumis au joug de la Russie.

Cette prospérité de l'empire des khans, son heureuse situation sur les rives de la mer Noire et de la mer d'Azof, avaient depuis longtemps excité la convoitise des tzars. Pierre Ier, dans son fameux testament, avait recommandé à ses successeurs cette conquête comme indispensable à l'accomplissement de ses vues sur Constantinople et la Turquie. La première tentative de la Russie eut lieu sous le règne de l'impératrice Élisabeth, comme nous venons de le voir; mais la résistance que trouvèrent les généraux Munich et Lascy fit abandonner

(1) M. Anatole Demidoff, *Voyage dans la Russie méridionale et la Crimée.*

le projet de s'emparer de la Crimée par la force des armes. La cour de Russie eut recours alors à des moyens moins chevaleresques, mais qui lui ont souvent réussi. A partir de la paix de 1740, la politique des tzars épia toutes les occasions de fomenter les troubles intérieurs de la péninsule ; elle s'attacha surtout à brouiller les khans avec le Grand Seigneur ; elle accueillit à bras ouverts les mécontents, les transfuges, les rebelles de toute espèce, et ne cessa de leur fournir des secours, soit ouvertement, soit sous main, jusqu'au moment où elle put réaliser ses ambitieux projets.

Une paix de dix-huit ans suivit le traité dont nous avons parlé. Sélamet-Ghéraï, prince pacifique et ami des arts, employa tout le temps de son règne (quatre ans) à relever Bakhtchi-Séraï, détruite par les Russes dans la dernière guerre ; il y fit construire de nouvelles mosquées, des bains, des fontaines, et divers édifices d'utilité publique. Une intrigue de cour à laquelle la Russie n'était pas étrangère, amena sa déposition.

Après lui, Sélim, Arslan, Krim-Ghéraï, occupèrent tour à tour le pouvoir suprême. Au milieu des intrigues de chaque compétiteur, la Russie intervenait indirectement, et parvenait ainsi peu à peu à affaiblir ses ennemis. Enfin, en 1768, la Porte déclara définitivement la guerre à la Russie, et Krim-Ghéraï fut mis à la tête d'une armée formidable, composée de cent vingt mille Turcs et de cinquante mille Tatars. Krim ne justifia pas l'espoir que la Porte avait mis en lui ; il fut battu complétement, et quelque temps après il fut empoisonné par un médecin grec.

Sélim-Ghéraï succéda à Krim en 1770. Son règne fut aussi court que malheureux. A peine était-il monté sur le trône, que les Russes, profitant de l'affaiblissement de leurs ennemis, envahirent la Crimée presque en entier. La Porte, mécontente du peu de résistance opposé par Sélim, le déposa; celui-ci courut chercher un refuge sur le territoire de ses ennemis. Les Russes, ne jugeant pas que le moment fût venu de réaliser leurs desseins ambitieux, voulurent cependant faire un pas de plus vers la domination de cette contrée, en s'arrogeant la prérogative d'y nommer les khans. On vit, en conséquence, pour la première fois (1771) la Russie, usant de son droit de conquête, appeler au trône de Crimée un prince de la famille Ghéraï; elle jeta les yeux, à cet effet, sur le jeune Saheb, après s'être assurée prudemment de l'assentiment des Tatars.

Cette élection ne pouvait manquer d'être contestée par la Turquie; mais les événements de la guerre la forcèrent enfin de céder. Un traité de paix fut signé au mois d'août 1774, à *Kulkuik-Kaïnardjy*. Par ce traité, la Porte cède à la Russie Kertch, Iénikalé et Kilbornou; elle lui accorde le droit de naviguer dans toutes les eaux de la domination ottomane; accorde aux Tatars leur indépendance nationale, et la liberté de se choisir un khan dans la famille Ghéraï, le Grand Seigneur se réservant toutefois la suprématie spirituelle et le droit d'investiture; à ces conditions, elle consent à reconnaître l'élection de Saheb.

La Russie venait de faire un pas immense vers l'accomplissement de ses projets; et dès lors, comme le dit fort bien M. Demidoff, la conquête fut prévue; il n'y avait plus, pour réussir, qu'à renverser le fantôme de souverain qu'elle venait elle-même d'élever en Crimée. Voici comment elle s'y prit. Au commencement de l'année 1775, elle excita un soulèvement dans Bakhtchi-Séraï; Saheb s'enfuit précipitamment, et se jette dans les bras de la Turquie. Le Grand Seigneur lui assigne une pension de trois mille piastres, et l'envoie résider à Rodosto, dans la Romélie.

Les Tatars de Crimée, usant de leurs nouveaux droits, veulent élire Dewlet-Ghéraï III à la place de Saheb ; mais en même temps Chahyn, frère du khan détrôné, intrigue pour le remplacer. La Turquie favorisait Dewlet ; Chahyn était protégé par la Russie. Ces deux puissances, qui ne cherchaient qu'une occasion de rompre le traité de Kaïnardjy, faisaient passer sous main des secours de toute nature aux deux compétiteurs. Les deux partis en vinrent aux mains dans le mois de novembre 1776. Dewlet fut vaincu, et les Russes, à cette nouvelle, jugeant inutile de dissimuler plus longtemps, se déclarèrent ouvertement les protecteurs de Chahyn, et envahirent de nouveau la péninsule. Dewlet, ne pouvant résister à l'orage, se retire à Constantinople, abandonnant à son rival ce trône chancelant, qui ne subsiste plus que sous le bon plaisir des Russes (mai 1777).

Chahyn-Ghéraï, dernier khan de Crimée, eût été, dans toute autre circonstance, un prince qui eût rendu de grands services à son pays. Mais, imposé et soutenu par les baïonnettes étrangères, il était impuissant à gouverner un peuple qui ne voyait que des actes de tyrannie arbitraire dans les réformes les plus utiles qu'il voulait établir. De là des révoltes continuelles, révoltes secrètement fomentées par la Turquie. Chahyn ne put que se jeter dans les bras de la Russie. Cette puissance, heureuse de trouver sitôt une occasion qu'elle n'avait pas osé espérer encore, fit entrer des troupes en Crimée, sous prétexte de secourir le khan. Dès lors Chahyn ne fut plus qu'un fantôme de souverain, et la Russie gouverna de fait dans les plaines de la Tauride. La politique de cette puissance lui suggéra vers ce temps-là une mesure atroce, qu'elle a quelquefois renouvelée depuis, mue par le désir de peupler les solitudes de ses vastes possessions. Les Nogaïs venaient d'abandonner un canton dans le voisinage d'Azof ;

les Russes y transportèrent de force les familles grecques et arméniennes qui depuis plusieurs années s'étaient établies en Crimée. « Le nombre des émigrés s'éleva, dit un grave historien anglais, à soixante-quinze mille individus de tout âge et de tout sexe. Tous ces malheureux périrent de froid, de faim et de nostalgie (1). » Ce nouvel envahissement de la Russie émut les puissances occidentales, et le cabinet de Versailles, effrayé de la prépondérance que les successeurs de Pierre Ier prenaient en Orient, s'interposa, en qualité du plus ancien allié de la Turquie, entre les parties belligérantes. Grâce à cette intervention, une nouvelle paix fut signée à Aïnahly-Gavack, près de Constantinople, le 21 mai 1779. Les Russes s'engagèrent à évacuer la Crimée, et abandonnèrent au Grand Seigneur le droit illusoire d'investiture et de suzeraineté spirituelle sur les khans de Crimée.

Mais ce n'était pas encore tout ce que voulait la Russie. Un an s'était à peine écoulé depuis les ratifications du dernier traité, que de nouvelles révoltes éclatèrent, et que pour les réprimer Chahyn fut encore obligé de recourir aux baïonnettes russes. Enfin ce malheureux prince, triste jouet de la politique et du fanatisme, abreuvé de dégoûts de toute nature, n'ayant que du mépris pour les Turcs, de la haine pour les Russes, de la pitié pour ses compatriotes ; trop éclairé pour ne pas voir sa véritable position, assez sage pour en connaître les remèdes, mais inhabile à les appliquer, courba le front sous la destinée, non avec cette résignation du chrétien qui se soumet aux décrets de la Providence, mais avec cette indifférence stoïque du fataliste musulman, qui accepte tous les événements de la vie avec ces mots : *C'était écrit.* Il abdiqua, pour lui et sa famille, la dignité souveraine, en

---

(1) *Eton's Survey of the Turkish empire.*

faveur de l'impératrice Catherine II ; puis, attiré à Constantinople par des promesses fallacieuses, il expia son abdication par le cordon, seule manière dont la faiblesse du divan lui permît de protester contre un acte qui menaçait l'existence de l'empire ottoman.

Catherine s'empressa de prendre possession de tous les États qui avaient dépendu de l'empire des khans de Crimée. Son premier soin fut de creuser un port militaire, de construire un arsenal, et d'élever une forteresse qui lui assurât la domination de la mer Noire. Un emplacement admirable, unique au monde, se présenta non loin d'un village tatar nommé Aktiar; aussitôt une foule d'ingénieurs, de constructeurs et d'ouvriers se mirent à l'œuvre, et Sébastopol (*la ville auguste*) s'éleva comme par enchantement. Pour qu'on ne se méprît pas sur la portée de sa conquête et sur le but de cette formidable construction, lors du voyage fastueux qu'elle effectua en Crimée en 1787, elle fit inscrire sur la porte de la nouvelle ville : *Route de Constantinople.*

Ce n'était point là une vaine menace. En vingt-quatre heures une flotte et une armée russes pouvaient entrer dans le Bosphore, et s'emparer de la capitale de la Turquie avec moins de difficulté qu'on n'en avait eu à se rendre maître de la Crimée. Les puissances occidentales, qui douze ans auparavant avaient laissé, avec une coupable indifférence, la Russie partager la Pologne en se réservant la part du lion, ne parurent pas s'émouvoir de l'agrandissement exagéré de cette puissance du côté de l'orient. La France, épuisée par la guerre qu'elle soutenait depuis plusieurs années contre l'Angleterre pour l'indépendance de l'Amérique du Nord, tourmentée d'ailleurs par des embarras intérieurs et une sourde agitation qui allait éclater en une révolution, la France ne pouvait seule écarter le danger qui menaçait la Turquie et l'Europe : tout ce qu'elle pouvait faire, et elle le fit, c'était de le signaler, et de protester avec force contre les vues ambitieuses de la Russie (1). Ainsi naquit cette grande question d'Orient qui depuis soixante-dix ans occupe les esprits, et qui a tout récemment armé les deux plus puissantes nations de l'Europe occidentale, pour en obtenir enfin la solution.

(1) On a retrouvé dernièrement les preuves de cette protestation dans des documents émanés du ministère des affaires étrangères de Louis XVI.

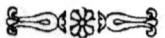

HISTOIRE DU SIÉGE
ET DE LA PRISE
DE SÉBASTOPOL

CHAPITRE I

Ambition de la Russie. — Testament politique de Pierre I*er*. — Agrandissement de la Russie depuis Catherine II. — Causes de la guerre actuelle. — Projets de la Russie en 1853. — Circonstances qui lui paraissent favorables à leur exécution. — Prétexte de la querelle entre la Russie et la Turquie. — Question des Lieux-Saints. — Exposé sommaire de cette question. — De tout temps la France protectrice des Lieux-Saints. — Époque à laquelle les Grecs commencent à prétendre à leur possession. — Traité de 1535, entre François I*er* et le sultan Soleiman. — Traité de 1621, sous Louis XIII. — Capitulations de 1673, sous Louis XIV, et de 1740, sous Louis XV. — Les Grecs sont soutenus par la Russie. — Intervention du gouvernement français en 1802. — Incendie de l'église du Saint-Sépulcre. — Déclaration de l'empereur Napoléon I*er*, en 1812. — Traité de Louis XVIII avec l'empereur Alexandre I*er* (1820-21). — Les Grecs continuent leurs usurpations. — Plaintes des catholiques en 1846. — Réclamations du gouvernement français en 1847 et en 1850. — Embarras de la Porte. — Moyen terme qu'elle emploie. — La Russie s'y oppose. — La Porte insiste. — Importance de la question des Lieux-Saints. — Elle n'a été que le prétexte et non la cause de la guerre actuelle.

Catherine II, en s'emparant de la Crimée et en menaçant Constantinople, ne faisait qu'exécuter une partie du plan de domination universelle tracé à ses successeurs par le tzar Pierre Ier. Il est bon de mettre sous les yeux de nos lecteurs cette pièce curieuse, connue sous le nom de Testament politique de Pierre Ier. On reconnaîtra, après avoir lu ce document, qui n'a cessé depuis cent cinquante ans de servir aux tzars de règle de conduite, que, quel que soit le caractère de l'esprit de conquête et d'agrandissement en Russie, cet esprit n'est pas la fantaisie d'un jour, l'expédient du moment; mais bien le fond même de la politique, la pensée invariable, appuyée sur le plus vaste empire du monde, sur une population immense, instrument aveugle d'un pouvoir irresponsable, sans contrôle comme sans limite. Cette lecture nous amènera naturellement à expliquer les causes de la guerre actuelle, comme elle nous fera connaître en même temps celles d'une foule d'événements historiques précédemment accomplis.

Voici cette pièce remarquable, dont l'original est déposé dans les archives de Peterhof, près de Saint-Pétersbourg.

Après un préambule dans lequel il invoque la sainte Trinité et le grand Dieu, qui l'a, dit-il, constamment éclairé de son esprit divin, Pierre déclare que, dans les desseins de la Providence, les hommes du Nord sont destinés à régénérer le monde épuisé. Il prophétise que la Russie, qu'il a trouvée rivière, qu'il a laissée fleuve, deviendra océan, et débordera sur les continents pour les fertiliser de son limon. Il recommande enfin à ses successeurs d'avoir toujours les yeux fixés sur les enseignements dont suit la teneur.

I. Entretenir la nation russe dans un état de guerre continuelle, pour tenir le soldat aguerri et toujours en haleine; ne le laisser reposer que pour améliorer les finances de l'État; refaire les armées, et choisir les moments opportuns pour l'attaque; faire ainsi servir la paix à la guerre et la guerre à la paix, dans l'intérêt de l'agrandissement et de la prospérité croissante de la Russie.

II. Appeler par tous les moyens possibles, de chez les peuples les plus instruits de l'Europe, des capitaines pendant la guerre, et des savants pendant la paix, pour faire profiter la Russie des avantages des autres pays, sans lui faire rien perdre des siens propres.

III. Prendre part en toute occasion aux affaires et démêlés quelconques de l'Europe, et surtout à ceux de l'Allemagne, qui, plus rapprochée, intéresse plus directement.

IV. Diviser la Pologne en y entretenant le trouble et les jalousies continuelles; gagner les puissants à prix d'or; influencer les diètes, les corrompre, afin d'avoir action sur les élections des rois; y faire nommer ses partisans, les protéger; y faire entrer les troupes russes, et y séjourner jusqu'à l'occasion d'y demeurer tout à fait. Si les puissances voisines opposent des difficultés, les apaiser momentanément en morcelant le pays, jusqu'à ce qu'on puisse reprendre ce qui aura été donné.

V. Prendre le plus que l'on pourra à la Suède, et savoir se faire attaquer par elle pour avoir prétexte de la subjuguer. Pour cela, l'isoler du Danemark, et le Danemark de la Suède, et entretenir avec soin leurs rivalités.

VI. Prendre toujours les épouses des princes russes parmi les princesses d'Allemagne, pour multiplier les alliances de famille, rapprocher les intérêts, et unir d'elle-même l'Allemagne à notre cause en y multipliant notre influence (1).

VII. Rechercher de préférence l'alliance de l'Angleterre pour le commerce, comme étant la puissance qui a le plus besoin de nous pour sa marine, et qui peut être la plus utile au développement de la nôtre; échanger nos bois et autres productions contre son or, et établir entre ses marchands, ses matelots et les nôtres, des rapports continuels, qui formeront ceux de ce pays à la navigation et au commerce.

VIII. S'étendre sans relâche vers le nord, le long de la Baltique, ainsi que vers le sud, le long de la mer Noire.

IX. *Approcher le plus possible de Constantinople et des*

---

(1) Cette politique a été constamment suivie depuis Pierre Ier jusqu'à présent. Ainsi l'impératrice douairière, veuve de l'empereur Nicolas et mère de l'empereur Alexandre II, actuellement régnant, est fille du roi de Prusse Frédéric-Guillaume III, et sœur du roi actuel, Frédéric-Guillaume IV. — La famille royale de Wurtemberg a de nombreuses relations de parenté avec la famille impériale russe. Le roi actuel, Guillaume Ier, avait épousé en 1816 la grande-duchesse de Russie, Catherine Paulowna, fille de l'empereur Paul, sœur des empereurs Alexandre Ier et Nicolas. C'est là un premier lien de famille, bien que Catherine Paulowna soit décédée en 1819. Un second lien a été créé en 1846 par le mariage du prince Charles, prince royal de Wurtemberg, avec la grande-duchesse Olga Nicolaïewna, fille de l'empereur Nicolas. Un troisième résulte du mariage de la princesse Charlotte de Wurtemberg avec le grand-duc Michel de Russie, mort en 1849. — Dans la Hesse électorale, le prince Frédéric, cousin de l'électeur, était devenu gendre de l'empereur Nicolas par son mariage avec la grande-duchesse Alexandra, en 1844. — Enfin, la nièce du grand-duc de Hesse, la princesse ci-devant Maximilienne-Marie, aujourd'hui Maria-Alexandrewna, a été mariée en 1841 au tzaréwitch Alexandre, aujourd'hui Alexandre II, l'empereur régnant. — Les princes de Nassau, de Mecklembourg, et les diverses branches de la maison de Saxe, sont également alliés par des mariages à la famille impériale de Russie.

Indes. Celui qui y règnera sera le vrai souverain du monde. En conséquence, susciter des guerres continuelles, tantôt aux Turcs, tantôt à la Perse; établir des chantiers sur la mer Noire, s'emparer peu à peu de cette mer ainsi que de la Baltique, ce qui est un double point nécessaire à la réussite du projet; hâter la décadence de la Perse; pénétrer jusqu'au golfe Persique; rétablir, si c'est possible, par la Syrie, l'ancien commerce du Levant, et avancer jusqu'aux Indes, qui sont l'entrepôt du monde.

Une fois là, on pourra se passer de l'or de l'Angleterre.

X. Rechercher et entretenir avec soin l'alliance de l'Autriche; appuyer en apparence ses idées de royauté future sur l'Allemagne, et exciter contre elle, par dessous main, la jalousie des princes. Tâcher de faire réclamer les secours de la Russie par les uns ou par les autres, et exercer sur le pays une espèce de protection qui prépare la domination future.

XI. Intéresser la maison d'Autriche à chasser le Turc de l'Europe, et neutraliser ses jalousies lors de la conquête de Constantinople, soit en lui suscitant une guerre avec les anciens États de l'Europe, soit en lui donnant une portion de la conquête qu'on lui reprendra plus tard.

XII. S'attacher à réunir autour de soi tous les grecs réunis ou orthodoxes (1) qui sont répandus soit dans la Hongrie, soit dans le midi de la Pologne; se faire leur centre, leur appui, et *établir d'avance une prédominance*

---

(1) Par grecs réunis ou orthodoxes, il entend non pas seulement les Grecs de nation, mais tous les Slaves qui appartiennent soit à l'Église grecque-unie (catholique), soit à l'Église grecque-orthodoxe (schismatique), et qui sont répandus dans une grande partie des dépendances de l'Autriche, et dans la Turquie.

universelle par une sorte de royauté et de suprématie sacerdotale : ce seront autant d'amis qu'on aura chez chacun de ses ennemis.

XIII. La Suède démembrée, la Perse vaincue, la Pologne subjuguée, la Turquie conquise, nos armées réunies, la mer Noire et la mer Baltique gardées par nos vaisseaux, il faut alors proposer séparément et très-secrètement, d'abord à la cour de Versailles, puis à celle de Vienne, de partager avec elles l'empire de l'univers.

Si l'une des deux accepte, ce qui est immanquable en flattant leur ambition et leur amour-propre, se servir d'elle pour écraser l'autre, puis écraser à son tour celle qui demeurera, en engageant avec elle une lutte qui ne saurait être douteuse, la Russie possédant déjà en propre tout l'orient et une grande partie de l'Europe.

XIV. Si, ce qui n'est pas probable, chacune d'elles refusait l'offre de la Russie, il faudrait savoir leur susciter des querelles et les faire s'épuiser l'une par l'autre. Alors, profitant d'un moment décisif, la Russie ferait fondre ses troupes, rassemblées d'avance, sur l'Allemagne, en même temps que deux flottes considérables partiraient l'une de la mer d'Azof, et l'autre du port d'Archangel, chargées de hordes asiatiques, sous le convoi des flottes armées de la mer Noire et de la mer Baltique; s'avançant par la Méditerranée et par l'Océan, elles inonderaient la France d'un côté, tandis que l'Allemagne le serait de l'autre ; et, ces deux contrées vaincues, le reste de l'Europe passerait facilement et sans coup férir sous le joug.

« Ainsi peut et doit être subjuguée l'Europe. »

Nous savons que beaucoup de personnes révoquent en

doute ce document, et le regardent comme une pièce apocryphe fabriquée par les ennemis de la Russie ; c'est là en effet ce que prétendent les hommes d'État russes et leurs amis ; ils soutiennent que jamais Pierre Ier n'a fait de testament, pas même pour régler sa succession. Quant au dernier point, cette assertion peut être vraie ; mais quant aux instructions qu'il a pu laisser à ses successeurs relativement à sa politique, n'importe sous quel titre, n'importe dans quelle forme, nous avons de graves raisons de croire que ce document que nous venons de reproduire, s'il n'est pas textuellement la traduction de celui émané de Pierre Ier, n'en est pas moins le résumé fidèle de ses vues et de ses projets. La meilleure manière de prouver la fausseté de cette pièce serait de montrer qu'elle est entièrement contraire aux faits, et que jamais elle n'a servi de base à la conduite des tzars. Or voyons le résumé en peu de mots des agrandissements de la Russie, seulement depuis Catherine II.

Les acquisitions qu'elle a faites sur la Suède sont plus considérables que tout ce qui reste de cet ancien royaume ; celles sur la Pologne égalent en étendue tout l'empire d'Autriche ; le territoire ravi à la Turquie en Europe équivaut à toutes les possessions de la Prusse moins les provinces rhénanes ; les conquêtes russes sur la Turquie en Asie égalent en dimension les petits États de l'Allemagne, les provinces rhénanes de la Prusse, la Belgique et la Hollande réunis ; les pays arrachés à la Perse approchent de l'étendue de l'Angleterre ; ceux acquis en Tartarie renfermeraient la Turquie d'Europe, la Grèce, l'Italie et l'Espagne ; enfin tout ce qu'elle s'est approprié dans le cours de quatre-vingts années (depuis 1772, époque du premier partage de la Pologne), surpasse en étendue et en importance son empire entier en Europe avant cette époque. En trois quarts de siècle elle a poussé ses frontières de trois cents lieues vers Vienne, Berlin, Dresde, Munich et Paris; elle s'est rapprochée de cent soixante-dix lieues de Constantinople; elle s'est emparée de la capitale de la Pologne, et, en fortifiant l'île d'Aland, elle s'est établie à peu de distance de la capitale de la Suède, dont, à l'avénement de Pierre Ier, elle se trouvait éloignée de plus de cent lieues. Elle s'est avancée enfin de près de quatre cents lieues vers les Indes, ainsi que vers la capitale de la Perse, et par la Tartarie elle touche immédiatement à la Chine.

Ces conquêtes, poursuivies avec la plus rare ténacité par les armes ou par les intrigues, cette influence exercée sur l'Allemagne principalement à l'aide des alliances matrimoniales, ne sont-elles pas une preuve évidente de l'authenticité du testament politique de Pierre Ier? En faut-il une nouvelle preuve? Nous allons la trouver dans les causes qui ont amené la guerre actuelle.

Nous avons vu que l'objet constant, le but formel de la politique russe, avait toujours été la possession de la Turquie. « La Russie, disait lord Palmerston à la chambre des Communes le 31 mars 1854, la Russie a toujours, depuis les temps du tzar Pierre, travaillé systématiquement, et sans dévier jamais, à la réalisation de ce projet. A-t-elle été entravée dans sa marche, elle a reculé, mais pour avancer de nouveau à la première occasion. Sa politique a consisté à ne pas manquer son but en brusquant prématurément les choses, mais à surveiller la marche des autres gouvernements de l'Europe, et à profiter de toutes les occasions qui pouvaient lui faciliter même le plus léger pas en avant vers le but qu'elle se proposait. »

Une de ces occasions favorables parut s'offrir au tzar Nicolas au commencement de l'année 1853.

L'Europe était à peine remise de la commotion suscitée par la révolution de 1848. Pendant cette crise, qui avait menacé l'ordre social des plus grands dangers, la politique russe avait joué un rôle incontestablement honorable. Le tzar s'était mis hautement à la tête des gouvernements conservateurs, et avait représenté avec une grande dignité d'attitude l'esprit conservateur, le principe d'autorité. Les services éminents rendus par lui à l'Allemagne monarchique, et notamment à l'Autriche, lui avaient assuré sur l'Europe centrale une influence du plus noble caractère, et la juste reconnaissance qu'il avait su mériter dissimulait suffisamment ce qu'une pareille situation avait de menaçant pour l'équilibre général. Ainsi le tzar avait su profiter habilement des circonstances critiques par lesquelles on venait de passer, pour ajouter aux liens de famille qui l'unissaient déjà à la plupart des gouvernements allemands les liens plus puissants encore d'une reconnaissance sérieuse et méritée. Il était donc sûr que, dans l'exécution des projets qu'il méditait, il ne rencontrerait aucune opposition de la part de ces gouvernements.

Deux nations seulement pouvaient faire obstacle à ses vues : c'était la France et l'Angleterre ; mais pour cela il fallait qu'il y eût une alliance solide et étroite entre ces deux nations. Or cette alliance pourrait-elle s'établir au lendemain d'une révolution qui avait de nouveau jeté la perturbation en Europe, et semé la défiance et l'animosité entre deux peuples connus par leur haine et leur rivalité séculaires ? Sans doute l'orgie démocratique de 1848 avait fait place à un gouvernement fort et régulier ; mais ce nouveau gouvernement ne devait-il pas être plus antipathique à l'Angleterre que l'anarchie républicaine elle-même, puisqu'il réveillait tout à coup les souvenirs et jusqu'au nom de la puissance la plus terrible qui ait jamais menacé l'empire britannique?

Ce qui contribuait à entretenir le tzar dans ces idées sur la situation respective de la France et de l'Angleterre, c'est qu'en effet la presse britannique ne cessait d'exciter les alarmes du pays sur les intentions du nouveau gouvernement impérial, et par des outrages quotidiens elle irritait et soulevait les susceptibilités de la France. Il était donc bien permis à l'empereur Nicolas de compter sur ces divisions de deux peuples dont l'alliance intime et sincère eût été, comme nous l'avons dit, un obstacle insurmontable à la réalisation de ses projets.

D'un autre côté, ces deux nations n'étaient ni l'une ni l'autre préparées à soutenir une guerre extérieure. Le tzar savait que la Grande-Bretagne, qui ne connaît ni le service obligatoire de la France, ni celui des landwehr allemandes, qui n'a d'armée permanente que celle qui lui est absolument indispensable pour fournir à la garnison de ses colonies, ne trouverait pas, au jour fixé pour l'agression, un établissement militaire sérieux à lui opposer.

La France, il est vrai, possédait une armée permanente parfaitement organisée et aguerrie depuis longtemps par ses campagnes d'Afrique; mais, d'après les informations que lui transmettaient ses agents, le nouveau gouvernement, issu d'une révolution, avait besoin de toutes ses forces pour en prévenir une nouvelle; appuyé sur l'armée seule, il ne pouvait compter que sur elle pour s'affermir, et le jour où il serait obligé d'envoyer cette armée combattre sur une terre étrangère, le verrait tomber peut-être, ou du moins fortement ébranlé.

Enfin, ni en France ni en Angleterre l'opinion publique ne voulait la guerre. Quarante ans de paix avaient porté le commerce et l'industrie des deux pays à un degré de prospérité inconnu auparavant. Les intérêts engagés dans les entreprises maritimes, les canaux, les chemins de fer, les usines, et toutes les diverses branches de l'agriculture et de l'industrie avaient pris un développement immense. Aussi chaque jour voyait-il les intérêts individuels s'unir plus étroitement pour la conservation de l'ordre, du travail et de la paix. Ainsi, en France comme en Angleterre, la guerre causait une appréhension profonde. Bel hommage rendu à la civilisation que cette terreur universelle des intérêts, que cette haine de l'opinion publique pour les brutales interventions de la force.

La politique russe, se croyant sûre de l'Europe centrale, convaincue de l'impossibilité d'une entente vraiment cordiale entre les deux grandes puissances occidentales, ne comptant pour rien les autres États des deux péninsules italique et ibérique, voyait dans la situation présente de la Turquie un motif puissant de frapper un coup décisif. Cet État, qu'elle aimait à se représenter comme mortellement malade, elle le sentait bien au fond se fortifier par l'infusion des idées nouvelles. Grâce aux améliorations progressives qui se traduisaient incessamment en bien-être pour les populations chrétiennes, elle comprenait que, ces populations perdant peu à peu l'habitude de tourner leurs regards du côté de la Russie, le jour n'était pas loin où elles lui échapperaient sans retour. Il ne fallait pas laisser s'établir définitivement dans l'empire ottoman des traditions nouvelles et un respect inconnu jusque alors de l'autorité centrale.

Tels furent les motifs qui poussèrent le tzar à précipiter les événements. Heureusement la plupart de ces espérances devaient être démenties par les faits.

Quand on examine avec attention les griefs allégués par la Russie pour déclarer la guerre à la Porte, on se rappelle involontairement la fable du loup et de l'agneau. Les reproches adressés par l'animal carnassier à sa victime ne sont pas plus sérieux ; la seule différence est qu'ils sont présentés d'une manière plus brutale, tandis que les griefs de la Russie sont dissimulés par tous les moyens que les formes, j'allais dire les roueries diplomatiques, savent employer pour cacher la vérité.

L'origine ou plutôt le prétexte de la querelle, fut la question des Lieux-Saints. Il est donc nécessaire, pour l'intelligence des démêlés qui vont suivre, d'en donner un exposé sommaire, et d'expliquer ce qu'on doit entendre par ces mots *Lieux-Saints* et *sanctuaires*, qu'on trouve si souvent cités dans le texte des négociations.

On appelle Lieux-Saints les églises construites sur les lieux où se sont accomplis les principaux événements de la vie de notre Seigneur Jésus-Christ. Ces églises sont, ou plutôt étaient au nombre de douze, savoir : 1° A Nazareth, l'église de l'Assomption, aux catholiques ; 2° à Bethléhem, l'église de la Nativité, à toutes les communions chrétiennes ; — 3° à Sichem, l'église de la Samaritaine sur le puits de Jacob, détruite ; — 4° à Cana, l'église construite sur l'emplacement de la maison où Jésus-Christ changea l'eau en vin, aux grecs, — 5° à Tibériade, l'église où saint Pierre reçut les pouvoirs de Jésus-Christ, aux catholiques; — 6° à Jérusalem, l'église de la Présentation, aux musulmans; — 7° à Jérusalem, l'église de la Flagellation, aux catholiques; — 8° à Jérusalem, l'église du Saint-Sépulcre, à toutes les communions chrétiennes; — 9° à Jérusalem, l'église des Apôtres, aux musulmans; — 10° au mont des Oliviers, l'église de l'Ascension, aux musulmans; — 11° à Gethsémani, l'église où est le tombeau de la Vierge, à toutes les communions chrétiennes; — 12° à Gethsémani, la grotte de l'Agonie, aux catholiques.

Ainsi, de ces églises, l'une a été détruite; trois ont été enlevées aux chrétiens par les musulmans; quatre sont possédées exclusivement par les catholiques; une appartient aux grecs; enfin trois sont communes aux différents rites chrétiens : latin, grec, arménien, syrien, copte et abyssinien. Dans chacune de ces dernières, divers *sanctuaires* ou lieux de visitation sont possédés en propre par telle ou telle nation, dont le droit est attesté par l'usage d'étendre un tapis sur l'autel ou d'y allumer des lampes.

Depuis que la Palestine est tombée au pouvoir des musulmans, les catholiques sont restés en possession de tout ou partie des Lieux-Saints, sous la protection de la France, et l'on peut dire que ce protectorat remonte jusqu'au temps où Haroun-Al-Raschid envoya à Charlemagne les clefs du Saint-Sépulcre. Quand les musulmans, au mépris des traités, voulurent persécuter les pèlerins qui allaient visiter la Terre-Sainte, la France donna le signal de la croisade; Jérusalem fut conquis par les chrétiens; un royaume français fut fondé en Palestine, et des princes français occupèrent pendant quatre-vingts ans le trône de David et de Salomon. A cette époque-là, certes, les Lieux-Saints étaient bien à nous; nous avions payé du plus pur de notre sang cette glorieuse conquête.

Lorsque, en 1187, Jérusalem tomba au pouvoir de Saladin, ce conquérant respecta les sanctuaires, et permit à quatre prêtres francs ou catholiques (car ces mots ont toujours été et sont encore synonymes en Orient) de desservir l'église du Saint-Sépulcre sans payer tribut. Dans les négociations qui suivirent entre Saladin et nos princes, on stipula le libre exercice de la religion chrétienne dans les Lieux-Saints.

Après Saladin, d'autres sultans, pendant les XIIIe et XIVe siècles, déclarèrent les latins de France possesseurs légitimes des sanctuaires qu'ils occupaient.

Jusque-là il n'avait été question que des chrétiens francs ou latins. Ce ne fut qu'au XVIe siècle que les grecs manifestèrent des prétentions sur les Lieux-Saints. En 1517, après la conquête de Jérusalem par le sultan Sélim, les grecs commencèrent leurs intrigues, et, à force de persévérance et d'argent, obtinrent des firmans qui leur accordaient des droits à la possession d'une partie des Lieux-Saints. Les catholiques réclamèrent contre ce qu'ils appelaient les usurpations des grecs, et ils appelèrent la France, comme leur protectrice naturelle, à intervenir dans leur querelle. François Ier répondit à cet appel, et, en 1535, il obtint du sultan Soleiman un traité par lequel il fut stipulé que les latins resteraient en possession à perpétuité des divers sanctuaires qu'ils avaient alors, et qui étaient au nombre de dix-neuf.

Sous le règne de Louis XIII, en 1621, un firman rendu par le sultan Osman confirmait de la manière la plus explicite le traité de 1535. Malgré cet acte si clair, si positif, les grecs ne cessèrent d'intriguer pour faire triompher leurs prétentions. En 1634, sous le règne de Mourad IV, ils profitèrent d'une crise qui éclata pour s'emparer du berceau du Sauveur, ainsi que de l'église de Bethléhem et de la *Pierre de l'Onction*.

Dans les capitulations de 1673 et de 1740, la Porte s'obligeait formellement à conserver aux catholiques tous les sanctuaires qui, à cette époque, étaient en leur possession. Ce sont ceux dont nous avons parlé plus haut. Ces capitulations, la dernière surtout, n'ont jamais cessé d'être en vigueur; la Porte Ottomane en a de tout temps proclamé le maintien, comme elle le déclarait encore au mois de juin 1851, dans une note officielle adressée au gouvernement français, et conçue en ces termes : « Toujours fidèle « à son ancien et constant usage d'exécuter avec une sin- « cérité et une loyauté parfaites les traités conclus avec « les puissances amies, le gouvernement impérial n'é- « prouve aucune espèce d'hésitation à déclarer de nouveau « que tous les articles du traité de 1740 qui n'ont pas « été modifiés par un traité postérieur, demeurent en « vigueur. »

Cependant les grecs, se sentant désormais appuyés par la Russie, dont l'influence se faisait sentir de plus en plus dans les conseils du divan, restèrent fidèles à leur système d'obtenir par ruse et par surprise des concessions dont ils se faisaient des droits, et depuis lors ils empiétèrent toujours sur les priviléges des catholiques. En 1802, le gouvernement français, à la tête duquel était alors Napoléon Ier sous le titre de premier consul, fut obligé d'intervenir pour faire restituer aux latins la grotte de Gethsémani, dont les grecs s'étaient emparés. En 1808, un incendie détruisit l'église du Saint-Sépulcre. Les schismatiques obtinrent de la Sublime Porte le droit de rebâtir les coupoles, et ce droit, les latins ne pouvaient le leur disputer, puisque les ressources du couvent étaient alors complétement épuisées. Les grecs reconstruisirent ainsi le dôme du Saint-Sépulcre, et s'autorisèrent de ce fait pour réclamer de nombreuses prérogatives. Leur architecte se fit alors une maligne joie de détruire les tombeaux de Godefroy, de Baudouin et des rois de Jérusalem, conservés sous une voûte latérale du temple; il en dispersa les débris, ou les fit entrer dans les constructions de la nouvelle coupole. En 1812, l'empereur Napoléon Ier fit déclarer par son ambassadeur à la Sublime Porte, que le gouvernement français entendait que les travaux de reconstruction ou de réparation effectués par les grecs dans l'église du Saint-Sépulcre ne préjudicieraient en rien aux droits des latins. En 1820 et 1821, le gouvernement de Louis XVIII, ne trouvant pas de garanties suffisantes dans la faiblesse du divan, noua des négociations avec l'empereur Alexandre Ier pour assurer désormais aux catholiques une situation normale et respectée. Cette mesure pouvait avoir plus d'efficacité pour le moment; mais elle créait un précédent fâcheux dont la Russie ne manquerait pas de se prévaloir plus tard.

Malgré tous ces traités, toutes ces conventions, les grecs n'en continuaient pas moins leurs usurpations, et n'épargnaient pas les outrages aux catholiques. Ceux-ci, en 1846, étaient arrivés à n'avoir plus que deux chapelles dans l'église du Saint-Sépulcre; enfin, le 1er novembre de cette même année, les grecs enlevèrent de la grotte de Bethléhem une étoile d'argent que les catholiques romains avaient placée de temps immémorial dans ce sanctuaire.

En présence d'une telle spoliation et d'une mauvaise foi aussi évidente, le gouvernement français dut intervenir. Il le fit énergiquement et à diverses reprises, notamment en 1847, par l'entremise de M. de Bourqueney, ambassadeur du roi Louis-Philippe à Constantinople, et en 1850 par celle de M. le général Aupick, envoyé extraordinaire de la République. Ce dernier, en adressant des réclamations à la Porte au nom de la République française, n'affichait en aucune façon la prétention de déposséder les grecs; il devait seulement en arriver à une transaction qui respecterait et consacrerait définitivement les titres, légitimes ou non, de chacune des deux parties. Une commission mixte fut nommée; les capitulations de 1740 furent invoquées par la France et reconnues de nouveau par la Porte, ainsi que nous l'avons vu plus haut; l'œuvre de transaction allait être consommée à la satisfaction de tout le monde, lorsque Sa Majesté l'empereur de Russie intervint personnellement dans le débat. Dans une lettre autographe, le tzar reprochait aux ministres de la Porte d'avoir reconnu en principe la validité du traité qui servait de base aux justes réclamations de la France; ainsi, il faisait un crime au gouvernement turc d'avoir tenu envers une autre puissance des engagements solennels.

On était alors en 1852. La France de cette époque ne se montrait plus d'aussi facile composition qu'autrefois sur ses droits, et elle n'était plus disposée à laisser s'amoindrir son influence; mais son gouvernement avait, le premier en Europe, compris la pensée secrète du gouvernement russe et la portée de ses prétentions. Il voulait ne laisser aucun prétexte aux entreprises violentes, et il sentait dans l'attitude des représentants de la Russie quelque chose de péremptoire, de cassant, qui allait plus loin qu'une discussion de ce genre, et qui ne montrait aucune des dispositions conciliantes naturelles à qui ne cache point d'arrière-pensée. Dans sa lettre, l'empereur de Russie avait formellement demandé le *statu quo* : tout en lui cédant au fond, la Porte crut devoir faire à la France une légère concession de forme, en accordant, le 9 février 1852, aux latins l'entrée par la grande porte de Bethléhem et le droit d'officier dans le tombeau de la Vierge. Comme compensation, on dépouillait les latins, au profit des grecs, du droit incontesté jusque alors d'officier dans la coupole de l'Ascension.

M. de Lavalette, ambassadeur du prince Louis-Napoléon, par les motifs que nous venons d'indiquer, accepta, sous réserves faites au nom du traité de 1740, cet arrangement, qui trahissait l'embarras de la Porte; mais à peine tout paraissait-il fini, que le divan, sous la pression exercée par les représentants de la Russie, accordait aux grecs un firman qui, tout en consacrant les concessions légères faites aux latins, niait la base même de leur droit, à savoir la validité des capitulations de 1740. M. de Lavalette protesta énergiquement; mais, comprenant les difficultés de situation de la Porte, il crut devoir accepter un moyen terme qui consistait, pour la Porte, à enregistrer le firman, mais sans en donner lecture publique et officielle à Jérusalem. La légation russe insista pour que cette lecture fût faite, et qu'on donnât ainsi une consécration publique à l'annulation des capitulations de 1740. Mais Fuad-Effendi, ministre des affaires étrangères du sultan, se refusa formellement à violer aussi ouvertement les engagements pris envers la France.

Tel était le point où était arrivée la question des Lieux-Saints à la fin de 1852.

Dans l'aperçu que nous venons d'en tracer, on a pu remarquer d'abord que rien n'est plus confus que les prétentions rivales, et rien de plus clair, de plus historique, que les droits généraux de la France. Mais, disent des esprits superficiels, cette question a-t-elle toute l'importance qu'on veut lui donner, et faut-il, pour la possession de quelques chapelles et le droit d'officier dans telle ou telle église, troubler la paix du monde, et armer, comme au temps des croisades, l'Occident contre l'Orient? A la première partie de cette question nous répondrons par ce passage de M. César Famin, l'historien le plus compétent de cette affaire :

« La question des Lieux-Saints, dit-il, loin de descendre, ainsi qu'on l'a prétendu, aux infimes proportions d'une querelle locale, à laquelle la France ne saurait attacher qu'une importance transitoire et de dernier ordre, mérite, au contraire, d'appeler constamment sa sollicitude et sa sympathie, non pas seulement parce qu'elle intéresse sa foi et ses croyances, ou qu'elle lui rappelle tant de glorieuses traditions de son histoire, mais encore parce que sa politique, sa prospérité et le rang qu'elle occupe dans le monde lui en font une loi (1). »

Ainsi, il y a là tout à la fois une question de foi religieuse et une question d'influence politique, et c'est ce

---

(1) *Histoire de la Rivalité et du Protectorat des églises chrétiennes en Orient,* par César Famin.

qu'ont compris tous les gouvernements qui se sont succédé en France, aussi bien ceux qui s'honoraient du titre de très-chrétiens que ceux qui manifestaient la plus profonde indifférence en matière de religion.

Quant à supposer que la question des Lieux-Saints a occasionné la guerre actuelle, nous allons voir qu'elle n'en a été que le prétexte, et que, la France eût-elle cédé à toutes les exigences de la Russie sur cet objet, celle-ci n'en eût été que mieux disposée à faire valoir contre son trop faible voisin les prétentions qui ont soulevé l'indignation des puissances occidentales, et leur ont mis les armes à la main.

CHAPITRE II

Pensée secrète de la Russie. — Clairvoyance du gouvernement français. — Conduite de l'Angleterre. — Préparatifs militaires de la Russie. — Elle veut associer l'Angleterre à ses vues. — Entretiens de l'empereur Nicolas et de sir Hamilton Seymour, ambassadeur d'Angleterre. — Propositions que le tzar fait à l'Angleterre. — Elles sont repoussées par le gouvernement anglais. — L'Angleterre reconnaît les véritables intentions de la Russie. — Mission du prince Menschikof à Constantinople. — Attitude de cet envoyé extraordinaire. — Inconvenance de ses démarches. — Inquiétudes qu'elles inspirent aux gouvernements de France et d'Angleterre. — La flotte française reçoit l'ordre de se rendre dans la rade de Salamine. — Le prince Menschikof demande pour la Russie le *protectorat* de tous les sujets de la Porte appartenant à la religion grecque. — Effroi du divan. — Différence entre le protectorat réclamé par la Russie et celui exercé par la France sur les Lieux-Saints. — Embarras des ministres du sultan. — Conseils que leur donnent les ministres de France et d'Angleterre. — Solution de la question des Lieux-Saints. — Déclaration du gouvernement français publiée dans *le Moniteur*. — *Ultimatum* du prince Menschikof. — Il est rejeté par le divan. — Le prince Menschikof quitte Constantinople. — Les flottes française et anglaise sont envoyées dans la baie de Besika. — L'armée russe franchit le Pruth et entre dans les principautés danubiennes.

Le but de la Russie, sa pensée secrète pendant toute cette discussion de la question des Lieux-Saints, n'avait point échappé à la clairvoyance du gouvernement français. Aussi faisait-il les derniers efforts pour amener une transaction amiable, que la Russie déclinait avec obstination. La protestante Angleterre avait résolu de garder la plus stricte neutralité dans la question, que quelques-uns de ses hommes d'État affectaient de dédaigner. Cependant le cabinet de Saint-James ne put se dispenser de reconnaître hautement la loyauté et la modération de la France, et de s'associer à ses efforts pour obtenir une transaction du gouvernement du tzar, lorsque M. Drouyn de Lhuys, ministre des affaires étrangères de France, exprima le désir que la question fût résolue directement entre les deux gouvernements de France et de Russie.

Mais la Russie, tout en acceptant cette offre avec une apparente cordialité, accusait sourdement l'ambition jalouse du gouvernement nouveau de la France, et préparait des démonstrations militaires peu faites pour amener une solution amiable. Dès les premiers jours de l'année 1853, une armée considérable avait reçu l'ordre de se tenir prête à marcher vers les principautés danubiennes.

L'ambassadeur de la Grande-Bretagne à Saint-Pétersbourg, sir Hamilton Seymour, s'émut de ces préparatifs menaçants, et fit des représentations à M. de Nesselrode, chancelier de l'empereur Nicolas. « C'est une mauvaise affaire, » répondit le ministre; la conciliation lui paraissait difficile; mais il insinuait qu'une action commune de la Grande-Bretagne et de la Russie pourrait facilement avoir raison de ce qu'il appelait les prétentions de la France.

Pour corroborer les insinuations de son ministre, le tzar eut alors avec l'ambassadeur d'Angleterre divers entretiens où il dévoila une partie de ses vues, et fit des ouvertures explicites à l'Angleterre au sujet d'une entente commune sur la situation de l'Orient. Comme ces entretiens, publiés plus tard par les gouvernements de France et d'Angleterre, sont connus de tout le monde, et font partie des documents officiels de ce grand procès, et que d'un autre côté leur étendue ne nous permettrait pas de les publier en entier, nous nous bornerons à les analyser sommairement et à en donner quelques extraits indispensables à l'intelligence de cette histoire.

Dans la première entrevue du tzar et de l'ambassadeur, ce monarque, après des protestations générales sur les garanties qu'offrait à l'Europe l'administration qui régissait alors l'Angleterre, arriva à la nécessité plus grande que jamais d'une étroite union entre la Russie et la Grande-Bretagne. « Il est essentiel, dit-il, que le gouvernement anglais et moi, moi et le gouvernement anglais, soyons dans les meilleurs termes... Lorsque nous sommes d'accord, je suis tout à fait sans inquiétude quant à l'occident de l'Europe ; *ce que d'autres pensent est au fond de peu d'importance.* Quant à la Turquie, c'est une autre question ; ce pays est dans un état critique, et peut nous donner beaucoup d'embarras. »

Ici, l'ambassadeur crut pouvoir s'autoriser de ce nom de Turquie, jeté ainsi comme incidemment dans la conversation, pour parler des inquiétudes excitées à ce sujet. L'empereur continua :

« Les affaires de Turquie sont dans un état de grande désorganisation, le pays menace ruine : sa chute sera une grand malheur, et il est important que l'Angleterre et la Russie en viennent à une entente complète, et qu'aucune des deux puissances ne fasse aucun pas décisif à l'insu de l'autre... Tenez, nous avons sur les bras un *homme malade* ; ce serait, je vous le dis franchement, un grand malheur si un de ces jours il devait nous échapper, surtout avant que toutes les dispositions nécessaires fussent prises. »

Observateur persévérant et fin, sir Hamilton Seymour avait compris à demi-mot; mais il voulait voir jusqu'au fond; il se contenta de répondre, en termes assez vagues, que l'homme fort et généreux ménage l'homme malade. L'empereur termina cette conversation, mais en annonçant l'intention de la reprendre.

Cinq jours après, sur l'invitation du chancelier, sir Hamilton renoua avec le tzar l'entretien interrompu. Le tzar fut explicite : il reprit la question d'Orient dans ses germes les plus éloignés, et chercha d'abord à détruire quelques préjugés relatifs aux vues secrètes de la Russie, en disant que, quoique héritier des immenses possessions territoriales de Catherine, il n'avait pas hérité des rêves et des plans dans lesquels se complaisait son aïeule.

Puis, revenant à ses prévisions : « Maintenant, continua-t-il, la Turquie est tombée graduellement à un état de décrépitude si profond, que, comme je vous l'ai dit l'autre jour, si désireux que nous soyons de prolonger l'existence du malade (et je vous prie de croire que je désire autant que vous qu'il continue de vivre), il peut subitement mourir et nous rester sur les bras : nous ne pouvons pas ressusciter ce qui est mort. Si l'empire turc tombe, il tombera pour ne plus se relever; je vous demande alors s'il ne vaut pas mieux être préparé à une telle éventualité que de s'exposer au chaos, à la confusion et à la certitude d'une guerre européenne; or tout cela devra accompagner la catastrophe, si elle a lieu inopinément et avant qu'on ait tracé quelque plan ultérieur. Voilà le plan sur lequel je désire appeler l'attention de votre gouvernement. » Alors il déclara nettement qu'il ne souffrirait pas que l'Angleterre s'établît jamais à Constantinople, ajoutant que de son côté il était disposé à prendre l'engagement de ne pas s'y établir en *propriétaire,* « car il pouvait se faire que les circonstances le missent dans la nécessité d'occuper Constantinople comme *dépositaire,* si rien ne se trouvait prévu, et si tout était laissé au hasard. » Pour parer à cette éventualité, pour prévenir la guerre européenne qui suivrait inévitablement la chute de la domination turque, si la catastrophe avait lieu inopinément et avant l'établissement d'un concert entre les puissances, il semblait indispensable au tzar que l'Angleterre et la Russie s'entendissent mutuellement et ne se laissassent pas surprendre par les événements.

Sir Hamilton Seymour répondit que, dans son opinion, les embarras de la Turquie dataient de loin, et que la chute de cet empire pouvait bien n'être pas aussi prochaine que le pensait son noble interlocuteur. Il ajouta qu'en règle générale, le gouvernement anglais éprouvait toujours quelque répugnance à contracter des arrangements en vue d'éventualités incertaines, et à spéculer à l'avance sur l'héritage d'un allié et d'un ami.

« C'est un bon principe, reprit le tzar, bon dans tous les temps, mais surtout dans les temps d'incertitudes et de changements comme les temps actuels ; et cependant il est de la plus grande importance que nous nous entendions mutuellement, et que nous ne nous laissions pas surprendre. » Puis il se mit de nouveau à developper sa thèse favorite, et il termina la conversation par ces mots : « Vous rendrez compte au gouvernement de la reine de ce qui s'est passé entre nous, et vous direz que je suis prêt à

4

accueillir toute communication qu'il jugera à propos de me faire sur cette question. »

Lord John Russell, informé de ces ouvertures, transmit à sir Hamilton, par une dépêche du 9 février 1853, la réponse du gouvernement anglais. Le ministère anglais, tout en accueillant avec une respectueuse politesse les communications du tzar, se refusait à voir dans un avenir prochain la dissolution de l'empire ottoman ; il se refusait aussi à traiter à l'insu et en l'absence de la France et de l'Autriche ; enfin il répétait cette objection, critique détournée de l'empressement du tzar, que s'occuper de régler ainsi la succession du sultan, c'était l'ouvrir à l'avance et hâter sa chute. « La grande prévoyance des amis du malade deviendrait cause de sa mort. » Ces objections étaient suivies des trois déclarations ci-après, faites dans les termes les plus catégoriques : « 1° L'Angleterre ne consentirait jamais à voir Constantinople passer aux mains de la Russie; elle désavouait sans hésiter, pour elle-même, tout désir ou intention de posséder cette ville ; 2° elle n'entrerait dans aucun arrangement relatif à l'éventualité de la chute de l'empire ottoman sans communication préalable avec l'empereur de Russie. » Lord John Russell terminait en faisant le plus grand éloge de la politique sage, désintéressée et conciliante, que le tzar avait si longtemps suivie vis-à-vis de la Turquie. Il exprimait l'assurance que si les grandes puissances s'unissaient pour conseiller au sultan une conduite plus libérale envers ses sujets chrétiens, et dans leurs différends avec lui avaient recours à des démonstrations amicales plutôt qu'à des demandes péremptoires, tout danger serait pour longtemps écarté de l'empire turc.

Cette réponse, et surtout ces conseils, étaient sans doute loin de faire le compte de l'empereur Nicolas; néanmoins il ne laissa paraître aucun désappointement, et, dans de nouveaux entretiens avec sir Hamilton Seymour, il prétendit que le ministère anglais s'était mépris sur sa pensée. « Il s'agissait beaucoup moins, dit-il, de savoir ce qui devait être fait dans le cas de la dissolution de l'empire turc que de savoir ce qui devait n'être pas fait, afin d'éviter que les intérêts anglais et russes se trouvassent en collision. Pour prévenir ce danger, le seul qu'il redoutât, il ne lui faudrait pas plus de dix minutes de conversation avec lord Aberdeen (alors chef du ministère anglais), en qui il avait une confiance entière. Il ne demandait ni un traité, ni un protocole; une entente générale était tout ce qu'il désirait. Il lui suffisait donc d'une parole de *gentleman* échangée de part et d'autre. Reprenant l'examen de la question, il déclara que pour lui il ne souffrirait l'établissement définitif à Constantinople ni des Russes, ni des Anglais, ni d'aucune des grandes puissances; il ne permettrait pas que la Grèce reçût un accroissement de territoire qui la transformât en un État considérable; enfin il ne tolèrerait ni le rétablissement d'un empire byzantin, ni le morcellement de la Turquie en petites républiques.

De ce qu'il ne voulait pas, le tzar arriva enfin à dire ce qu'il voulait. Selon lui, rien de plus facile que de partager les territoires devenus libres par la chute de l'empire ottoman. Les principautés danubiennes, dit-il, sont de fait un État indépendant sous ma protection; cette situation pourrait se continuer. La Servie et la Bulgarie pourraient recevoir la même forme de gouvernement. Quant à l'Égypte, l'empereur reconnaissait l'importance de ce territoire pour l'Angleterre : si elle en prenait possession, il n'aurait pas d'objection à faire. Il en disait autant de Candie, et il ne voyait pas pourquoi cette île ne deviendrait pas possession anglaise.

Sir Hamilton Seymour repoussa, au nom de son gouvernement, ces arrangements éventuels, et évoqua de nouveau le nom des autres puissances, sans lesquelles il semblait difficile qu'on prît de semblables déterminations.

Et d'abord l'Autriche, l'avait-on oubliée? « Oh! répondit l'empereur, vous devez comprendre que quand je parle de la Russie, je parle aussi de l'Autriche. Ce qui convient à l'une convient à l'autre. Nos intérêts en ce qui concerne la Turquie sont identiques.

Et la Prusse? Il n'en fut pas même un instant question. Sans doute son opinion n'avait pas assez d'importance pour qu'on en tînt compte.

Quant à la France, oh! celle-là le tzar l'excluait avec colère de toutes ses combinaisons. Il n'avait que dédain et paroles amères pour ce pays gouverné par un *parvenu*. La France, c'était à ses yeux l'ennemie universelle, qui travaillait par tous les moyens à créer le désordre, à propager l'irritation, les défiances. — Or sait-on quelles vues profondes, quelle ambition menaçante le tzar supposait à la politique française? « Que Dieu me garde, disait-il, d'accuser personne à tort; mais on serait tenté de croire que le gouvernement français cherche à nous brouiller tous en Orient, dans l'espérance d'arriver plus aisément à ses fins, *dont l'une est la possession de Tunis.* »
— Singulière ambition que celle qui se fût contentée de cette proie; singulier reproche chez celui qui parlait froidement de partager l'Orient à l'avance.

Ainsi finit « ce libre échange d'idées, » comme l'appelait le tzar, et le résultat ne fut ni la convention qu'on avait espérée, ni même cette parole de *gentleman* dont on se fût contenté au besoin. Le comte de Nesselrode fut chargé de reprendre et de préciser la conversation d'une manière officielle. Il le fit dans un *memorandum* en date du 21 février. Lord Clarendon, qui avait succédé à lord John Russell, fut chargé de répondre à cette pièce diplomatique. Il le fit dans une dépêche adressée, le 23 mars, à sir Hamilton Seymour. Le nouveau ministre anglais y renouvelait les déclarations déjà faites par lord John Russell; il insistait avec netteté sur ce point : « Que l'Angleterre ne désirait pas d'agrandissement territorial; qu'elle ne pourrait pas participer à un arrangement préalable dont elle devrait tirer quelque avantage de cette nature, et qu'elle ne pourrait non plus s'associer à une combinaison qui devrait être tenue secrète vis-à-vis des autres puissances. » Tout cela était assez explicite, et quelques jours après, lord Clarendon écrivit à l'envoyé britannique que « le gouvernement anglais désirait ne pas prolonger une correspondance désormais sans utilité. »

Nous voilà bien loin de la question des Lieux-Saints, et le gouvernement anglais commençait enfin à comprendre que dans cette affaire l'empereur de Russie avait bien autre chose en vue qu'*une querelle de sacristie*. L'opiniâtreté avec laquelle il était revenu sans cesse, dans ses conversations avec sir Hamilton, sur l'imminence d'une catastrophe en Turquie, semblait trahir le dessein bien arrêté de provoquer la dissolution de l'empire turc, au lieu de l'attendre. Mais l'Angleterre était persuadée que son refus d'entrer dans les combinaisons du tzar suffirait pour arrêter projets de celui-ci, et qu'ainsi la paix du monde pourrait encore être conservée. C'est cette confiance qui apporta dans les commencements quelque hésitation de sa part à coopérer avec la France aux mesures énergiques que prenait cette puissance pour parer aux graves événements qui se préparaient. Enfin la mission du prince Menschikof à Constantinople devait lui ouvrir les yeux.

Cette mission extraordinaire avait été annoncée à sir Hamilton Seymour dès le 4 février, et le 8 février à la France, par l'intermédiaire de M. de Kisselef, ambassadeur russe à Paris. Le gouvernement russe annonçait aux deux puissances que la mission de M. Menschikof n'avait d'autre but que de terminer l'affaire des Lieux-Saints; que ses instructions étaient toutes pacifiques, et que la marche des troupes russes vers les principautés danubiennes n'avait d'autre but qu'une action morale à exercer sur le divan. Le gouvernement anglais accorda toute confiance aux paroles si explicites du gouvernement russe, et la France, au moment de reprendre la discussion sur ce nouveau terrain choisi par la Russie, fit une concession nouvelle. M. de Lavalette avait semblé, vu ses antécédents dans la question, devoir être un obstacle personnel au succès d'une conciliation. Il fut, sur sa demande, remplacé par M. de La Cour.

Le 28 février, le prince Menschikof fit son entrée à Constantinople. Sa suite était nombreuse, imposante. Elle se composait de plusieurs officiers généraux, du prince Galitzin, aide de camp de l'empereur, du vice-amiral Kornilof, aide de camp de l'empereur et commandant de l'escadre de la mer Noire, du général Nikapotchinski, du comte Dimitri de Nesselrode, fils du chancelier de l'empire. Le prince Menschikof lui-même était un des plus hauts dignitaires de l'empire russe, amiral et ministre de la marine.

Une sorte d'ostentation menaçante présida aux pompes de cette entrée solennelle. La légation de Russie avait fait pour la réception de l'envoyé des préparatifs inusités ; on avait exigé de la Porte des honneurs extraordinaires, et la population grecque de la capitale avait été secrètement conviée à se porter au-devant du représentant de Sa Majesté l'empereur Nicolas, protecteur de la religion grecque. Des rumeurs étranges avaient précédé et accompagnaient le prince. On disait qu'une armée russe se rassemblait sur la frontière de Bessarabie ; que l'avant-garde n'était qu'à quelques lieues de Jassy, prête à franchir le Pruth au premier signal ; on disait encore que la flotte de Sébastopol était prête à porter sous les murs de Constantinople des troupes de débarquement, et que le moment était venu où la Russie allait régner de nom ou de fait sur le Bosphore. Ces bruits étaient accueillis avec d'autant plus de confiance par la population grecque, qu'une ancienne prophétie annonçait que Constantinople serait délivrée des Turcs la quatrième année séculaire après la conquête de Mahomet ; or, cette année correspondait précisément à celle où l'on se trouvait (1853).

L'attitude singulière du prince sembla donner raison à ces bruits menaçants. Dans sa visite officielle aux ministres de la Porte, il marqua d'abord de la façon la plus inouïe sa résolution de fouler aux pieds les convenances, en affectant de revêtir dans cette circonstance le plus négligé des habits de ville ; puis, ce qui était plus qu'une inconvenance, il se permit une véritable insulte adressée au ministre des affaires étrangères, Fuad-Effendi. Le prince avait fait, selon la coutume, sa première visite au grand-vizir. Il devait la seconde au ministre des affaires étrangères, dont les appartements, contigus à ceux du grand-vizir, avaient été décorés avec luxe pour le recevoir. Le prince passa outre sans s'arrêter, en disant que la mission dont il était chargé ne pouvait être expliquée devant un ministre *fallacieux*. Ce qui attirait à Fuad-Effendi cette dure épithète et cette blessante démarche, c'était de s'être opposé, sur la demande de M. de Lavalette, ainsi que nous l'avons vu, à la lecture du firman contraire au traité de 1740.

Fuad-Effendi donna sa démission, et fut remplacé par Rifaat-Pacha.

Ce mépris affiché des plus simples convenances, cette prétention hautement avouée d'entreprendre sur l'attribut le plus important de la souveraineté, le choix des conseillers de la couronne, en un mot, cette attitude prématurée de délégué d'un suzerain auprès de son vassal, était, même au point de vue de la Russie, maladroite et inhabile. Cette conduite avait eu évidemment pour objet d'ébranler la fermeté des conseillers du sultan, et d'agir sur leur esprit par voie de surprise et d'intimidation; mais en même temps elle éveillait la méfiance de l'Europe, et faisait comprendre que la mission du prince Menschikof était loin d'avoir ce but pacifique sous lequel la Russie avait voulu la présenter.

Cette attitude du prince Menschikof et ses premières ouvertures inspirèrent de légitimes appréhensions aux puissances occidentales. Le chargé d'affaires du cabinet britannique crut devoir communiquer les renseignements qu'il avait recueillis et ses impressions personnelles à l'amiral commandant la flotte anglaise dans la Méditerranée, en l'invitant à paraître dans les eaux des Dardanelles avec les forces navales placées sous ses ordres. Mais le gouvernement anglais, soit confiance dans les assurances qu'il avait reçues de la Russie, soit circonspection, ne fut pas de l'avis de son chargé d'affaires. Il prescrivit à son amiral de ne pas s'éloigner du port de Malte, et se borna à donner l'ordre à son ambassadeur, lord Stratford Redcliffe, qui se trouvait alors en Angleterre, de retourner sans retard à son poste. Le gouvernement français jugeait d'une manière plus saine la gravité de la situation. Ne se méprenant pas sur les éventualités qui devaient en surgir, il donna l'ordre à son escadre de se rendre immédiatement dans la rade de Salamine.

Cependant les représentants de la France et de l'Angleterre à Constantinople cherchaient à pénétrer le but véritable de la mission du prince Menschikof. Celui-ci s'efforçait de les dérouter par les assertions les plus contradictoires. Tantôt il venait demander une réparation pour le manque de parole commis par le sultan à l'égard de l'empereur de Russie; tantôt il se disait venu seulement pour traiter la question du Montenegro; un autre jour il affirmait que l'affaire des Lieux-Saints n'avait aucune importance, et, s'il était question des armements significatifs de la Russie, il répondait que les troupes de l'empire occupaient leurs cantonnements ordinaires.

Enfin, après avoir passé plus de quinze jours en pourparlers insignifiants, et qui n'avaient pour but que de sonder le terrain, le prince Menschikof crut devoir s'exprimer plus clairement dans une conférence qu'il eut avec les ministres de la Porte. Après avoir abordé la question des Lieux-Saints, qu'il présentait à Rifaat-Pacha comme le but véritable de sa mission, il parla de la nécessité, pour prévenir tout sujet de contestation de cette nature à l'avenir, de conclure un traité secret d'alliance défensive; par ce traité, la Turquie, si elle avait besoin de secours contre les puissances occidentales, pourrait appeler à son aide la flotte russe de la mer Noire et une armée russe de quatre cent mille hommes. En même temps, *tous les sujets de la Porte Ottomane appartenant à la religion grecque seraient placés sous le protectorat de la Russie.* Ces propositions furent faites sous la condition d'un secret profond, et sous la menace d'une rupture immédiate si elles étaient dévoilées.

Au premier mot de PROTECTORAT, le divan avait compris que tout était là, que le reste n'avait que l'importance d'un prétexte.

C'était donc là le but où tendaient tant d'efforts, de ruses, d'intrigues, le *protectorat,* c'est-à-dire l'abdication de la souveraineté du sultan sur la moitié de ses sujets en attendant qu'on lui enlevât le reste de gré ou de force. Certes on comprend pourquoi l'empereur Nicolas, qui s'était flatté du succès de son envoyé extraordinaire à Constantinople, ne cessait de répéter à sir Hamilton Seymour, dans ses entretiens confidentiels, que *la Turquie était bien malade.*

Mais, avant d'aller plus loin, nous croyons qu'il est important de ne pas confondre le protectorat réclamé par la Russie dans l'intérêt du rit grec avec celui que depuis des siècles la France exerce en Orient en faveur du catholicisme. Nous n'aurions pas jugé cette explication nécessaire, si quelques écrivains russes ou dévoués à la Russie n'avaient pas essayé d'induire en erreur à cet égard un grand nombre de personnes peu au courant de cette question.

Les *capitulations* ou traités existants entre la France et la Turquie, n'ont jamais reconnu aux souverains de la France qu'un droit de protection sur les sanctuaires de Jérusalem et de la Palestine dont nous avons donné les noms, ainsi que sur les établissements religieux possédés dans les diverses Échelles du Levant par des prêtres *francs* du rit latin. Or, tout le monde sait que sous cette dénomination de *francs*, on ne comprend en Turquie que les étrangers, et non pas les sujets du sultan, désignés, quand ils ne sont pas musulmans, sous le nom de *rayas*.

Le protectorat officiel de la France ne s'est donc jamais appliqué à des sujets du sultan. Les plus anciennes instructions données aux ambassadeurs de France à Constantinople ne peuvent laisser aucun doute à cet égard. « On a décoré le zèle de nos rois de l'expression de *protectorat de la religion catholique dans le Levant,* dit M. le comte de Saint-Priest, ambassadeur du roi Louis XVI à Constantinople de 1768 à 1785 ; cette expression est erronée et sert à égarer ceux qui n'approfondissent pas la chose. Jamais les sultans n'ont eu seulement l'idée que les monarques français se crussent autorisés à s'immiscer dans la religion des sujets de la Porte. Il n'y a point de prince, dit fort sagement un de mes prédécesseurs, M. le marquis de Bonnac, sur cette matière, quelque étroite union qu'il ait avec un autre souverain, qui lui permette de se mêler de la religion de ses sujets. Les Turcs sont aussi délicats que d'autres là-dessus.

« Il est aisé de comprendre que la France, n'ayan

jamais traité avec la Porte qu'à titre d'amitié, n'a pu lui imposer des obligations odieuses de leur nature. Aussi le premier point de mes instructions me prescrivait d'éviter tout ce qui pourrait causer de l'ombrage à la Porte en donnant trop d'extension aux capitulations en matière de religion. »

Voilà quelle a toujours été la règle de conduite de la France ; aussi les difficultés, les contrariétés qu'elle a rencontrées dans l'exercice sage et modéré de ses droits ne lui sont jamais venues du gouvernement turc, mais des chrétiens schismatiques de l'Orient, surtout quand ils se sont sentis appuyés par les empereurs de Russie. Les ambassadeurs français pouvaient sans doute, dans un intérêt d'humanité, intervenir d'une manière officieuse en faveur des catholiques sujets de la Porte, tels que sont quelques arméniens et grecs-unis, et qui forment une bien faible minorité dans l'empire ; mais leur protection légale ne couvrait que plusieurs centaines de prêtres séculiers et de moines, pour la plupart italiens et espagnols, et, chose essentielle à noter, dont le chef spirituel résidait à Rome. Telle est encore aujourd'hui la situation des choses.

Ce que la Russie demandait, au contraire, c'était un droit de protection sur l'Église grecque, en d'autres termes, la tutelle d'une communion composée de douze millions de sujets du sultan ; et cette demande était faite au nom d'un prince qui exerce la suprématie spirituelle sur cette même religion dans son empire, et qui voulait l'étendre chez son voisin. Voici en quels termes était formulée cette partie de la note présentée au divan par le prince Menschikof : « La religion grecque sera toujours protégée dans toutes les églises de l'empire turc ; les représentants de la cour impériale de Russie auront le droit de donner des ordres aux églises, tant à Constantinople que dans d'autres endroits et villes, ainsi qu'aux ecclésiastiques. »

Ce protectorat se trouvait en outre défini par plusieurs autres prétentions, qui consistaient en garanties d'indépendance à assurer aux patriarches grecs (indépendance à l'égard de la Porte, bien entendu, mais non pas à l'égard de la Russie) ; en une extension du traité de Kaïnardji, qui n'arrivait à rien moins qu'à assurer le protectorat de la Russie sur les sujets grecs et arméniens de la Turquie.

Et ces prétentions exorbitantes avaient leur sanction matérielle dans la présence d'une armée russe sur les bords du Pruth, dans le caractère officiel de l'ambassadeur, chef suprême de la marine impériale, et surtout dans son attitude bien marquée d'intimidation. Aussi les ministres turcs étaient-ils consternés ; ils n'osaient prendre conseil des représentants des puissances occidentales, par suite des menaces du prince Menschikof. D'ailleurs, que pouvaient les envoyés de la France et de l'Angleterre? Faire part de l'état des choses à Londres et à Paris, et attendre de leur gouvernement respectif de nouvelles instructions ; mais en quarante-huit heures la flotte de Sébastopol pouvait être devant Constantinople avec vingt mille hommes de débarquement, tandis qu'une armée de deux cent mille hommes marcherait sur le Danube, et ne rencontrerait aucun obstacle jusqu'à la capitale.

Cependant M. de La Cour et lord Stratford Redcliffe, remarquant l'inquiétude qui agitait le grand-vizir et le reis-effendi, n'eurent pas de peine à démêler la vérité à travers les réticences effrayées de ces deux ministres. Cette vérité était hautement menaçante. Les deux ambassadeurs s'entendirent pour gagner du temps et prévenir leurs cours de ce qui se passait. Puis on convint qu'il fallait d'abord dégager la question des Lieux-Saints de ces propositions beaucoup plus graves, dont elle n'était que le prétexte. Ce point réglé, la Porte serait bien plus forte en face de propositions que ne justifieraient ni les nécessités du moment, ni les traités antérieurs; que si alors on essayait de les lui imposer par la force, la Porte pourrait en appeler aux puissances signataires avec la Russie du traité de 1841. Cette marche fut heureusement et habilement suivie.

M. de La Cour apporta dans la discussion définitive de l'affaire des Lieux-Saints une facilité, un esprit de conciliation vraiment embarrassant pour la Russie. Grâce à cette modération, la question fut réglée au moyen de nouveaux firmans qui, en accordant aux grecs certaines garanties, laissaient intactes les concessions faites aux latins.

Cette affaire ne fut définitivement terminée que le 4 mai; elle aurait pu l'être beaucoup plus tôt; mais nous savons pourquoi M. de La Cour tenait à prolonger la négociation. Le gouvernement français, instruit de la solution de la question des Lieux-Saints et des nouvelles propositions du prince Menschikof, publia le 18 mai, dans *le Moniteur*, un article important qui résumait en quelques lignes la discussion relative aux Lieux-Saints, annonçait la solution obtenue, et se terminait ainsi :

« C'était là pour nous le point essentiel, celui qui ne pouvait être de notre part l'objet d'aucune transaction. Quant à nos anciens traités avec la Turquie, nul acte diplomatique, nulle résolution de la Porte ne saurait les invalider sans le consentement de la France.

« M. le prince Menschikof demande encore au divan la conclusion d'un traité qui placerait sous la garantie de la Russie les droits et les immunités de l'Église et du clergé grecs. Cette question, complétement différente de celle des Lieux-Saints, touche à des intérêts dont la Turquie doit la première apprécier la valeur. Si elle amenait quelques complications, elle deviendrait une question de politique européenne, dans laquelle la France se trouverait engagée au même titre que les autres puissances signataires du traité du 13 juillet 1841. »

Dès le lendemain de la signature du traité relatif aux Lieux-Saints, c'est-à-dire le 5 mai, le prince Menschikof adressa à la Porte un *ultimatum* accompagnant un projet, non plus de traité, mais de *sened* ou obligation que le gouvernement ottoman devait souscrire ou repousser dans un délai de cinq jours. L'ambassadeur demandait en substance, par voie de sommation, que le divan contractât envers le cabinet de Saint-Pétersbourg l'engagement de maintenir intacts et à perpétuité les principes et immunités acquis en Turquie à l'Église d'Orient et à tous ses membres; en d'autres termes, de transférer à la Russie le droit d'exercer une surveillance officielle pour la conservation des avantages concédés à ses coreligionnaires. Cette proposition, quoique moins blessante que le projet de traité, n'en constituait pas moins une tentative dirigée contre l'indépendance de la Porte et l'autorité du sultan. Elle devait être, et elle fut repoussée. En vain le divan, pour atténuer l'effet de ce refus, témoignait-il à l'ambassadeur de Russie le plus vif désir de chercher, de concert avec lui, une combinaison qui, sans porter atteinte à la souveraineté de la Turquie, fût cependant de nature à satisfaire le tzar ; le prince Menschikof ne voulut rien écouter, et le 21 mai 1853, il quitta Constantinople pour retourner à Odessa.

La conduite de l'ambassadeur de Russie était bien faite pour dessiller les yeux de ceux qui jusque alors n'avaient pas cru aux intentions ambitieuses de la Russie. Cependant un dernier espoir leur restait : ils pensaient que le cabinet de Saint-Pétersbourg désavouerait la conduite de son envoyé. Cette illusion ne fut pas de longue durée. Le tzar donna au prince Menschikof un témoignage éclatant de son approbation en le nommant gouverneur de Crimée ; en même temps, le 19 mai, le chancelier de l'empire adressait de Saint-Pétersbourg au ministre des affaires étrangères du sultan une communication officielle par laquelle il invitait, au nom de son souverain, le gouvernement ottoman à souscrire sans variante la deuxième note proposée par le prince Menschikof, annonçant qu'en cas de refus, la cour impériale se verrait obligée de faire occuper par des troupes un point du territoire ottoman, qu'elle garderait comme un gage matériel jusqu'au moment où la Turquie lui concèderait les garanties qu'elle avait vainement demandées aux négociations.

En apprenant ce qui se passait, les deux cabinets de Londres et de Paris jugèrent qu'une rupture était imminente entre la Porte et la Russie. La conservation de la paix et les intérêts de la France et de l'Angleterre en Orient leur commandaient également de prendre position dans le débat qui s'était engagé à Constantinople, et qui menaçait de dégénérer en une lutte armée : la flotte anglaise de Malte, et la flotte française qui se trouvait à Salamine, reçurent simultanément l'ordre de se rapprocher des Dardanelles, et, dans les journées du 13 et du 14 juin 1853, elles mouillèrent successivement dans la baie de Bésika.

Le 3 juillet suivant, cent cinquante mille Russes, sous la conduite du prince Gortschakof, franchissaient le Pruth et s'établissaient militairement dans les principautés danubiennes, la Moldavie et la Valachie, ainsi que l'avait annoncé le comte de Nesselrode dans sa dépêche du 19 mai précédent.

CHAPITRE III

Déclaration de la Russie à propos de l'invasion des principautés. — Intervention des puissances occidentales. — Conférences de Vienne. — Note acceptée par la Russie et rejetée par la Porte. — Déclaration de guerre de la Porte Ottomane à la Russie. — Manifeste du tzar. — Modération apparente de la diplomatie russe. — Ses motifs. — Commencement des hostilités sur le Danube. — Bataille d'Oltenitza. — Hostilités en Asie. — Prise du fort Saint-Nicolas. — Effets de ces premiers succès sur les esprits en Turquie et en Europe. — Conduite prudente d'Omer-Pacha. — Tentatives des grandes puissances pour rétablir la paix. — Incident inattendu qui rend leurs démarches inutiles. — Désastre de Sinope. — Destruction d'une escadre turque. — Bombardement de Sinope. — Joie que cet événement cause en Russie. — Indignation du reste de l'Europe. — Deux frégates, l'une française et l'autre anglaise, vont visiter la baie de Sinope pour reconnaître les effets du bombardement.

D'après les notions les plus élémentaires du droit international, aucun acte ne constitue mieux une agression violente, par conséquent un *cas de guerre*, que l'invasion du territoire d'une puissance par une autre. C'est un fait d'hostilité tellement évident, que jusqu'à nos jours on n'avait pas encore tenté de lui donner un autre caractère. C'est pourtant ce qu'a voulu faire la Russie. Dans un document qu'elle a rendu public, elle a déclaré que l'entrée de son armée dans les principautés ne devait pas être considérée comme un acte d'hostilité contre la Porte, qu'elle ne faisait pas, qu'elle ne voulait pas faire la guerre à la Turquie. N'ayant aucune raison légitime, avouable, pour recourir à la voie des armes, elle voulait, par un procédé nouveau, mettre le Divan dans l'obligation de prendre l'initiative ; mais le sentiment public en Europe n'a pas tardé à faire justice de l'hypocrisie d'un tel expédient, qui blessait à la fois la vérité et la raison.

Plus sages que le cabinet de Saint-Pétersbourg, les alliés de la Porte, vivement préoccupés du soin de prévenir une lutte qui devait mettre en péril la paix du monde, crurent devoir engager le gouvernement ottoman à temporiser, à s'abstenir de repousser par la force l'agression de la Russie, à attendre le résultat des efforts qu'on se proposait de faire dans la pensée d'arriver à un arrangement entre les deux parties. Le sultan Abdul-Medjid, cédant à ces conseils, surtout par déférence pour la France et l'Angleterre, se borna donc à protester en termes modérés contre l'envahissement d'une partie de son empire.

Pendant ce temps-là la diplomatie européenne s'épuisait en efforts pour résoudre pacifiquement une question envenimée par la mauvaise foi du cabinet russe. Réunis en conférence à Vienne, les représentants des quatre grandes puissances, MM. de Buol pour l'Autriche, de Bourqueney pour la France, de Canitz pour la Russie, et lord Westmoreland pour l'Angleterre, après de longues discussions, s'accordèrent sur un projet de note qui fut d'abord adopté par la Russie ; mais le gouvernement ottoman, par une communication officielle en date du 20 août 1853, déclara qu'il subordonnait son adhésion à l'admission de certaines modifications dont il indiquerait les termes, et qui avaient pour objet de prévenir l'interprétation à laquelle semblait se prêter le document qui lui était présenté, interprétation qui eût porté atteinte à l'indépendance et à la souveraineté du sultan.

Cette résolution du cabinet ottoman ne fit pas perdre à la conférence de Vienne tout espoir d'arrangement ; on présumait qu'au moyen de concessions mutuelles, faites simultanément par les deux gouvernements directement intéressés dans le débat, on parviendrait encore à les mettre d'accord et à faire prévaloir une combinaison satisfaisante pour l'une et l'autre partie. Tandis que l'on se concertait à Vienne pour atteindre ce résultat, une dépêche de M. le comte de Nesselrode en date du 7 septembre 1853 vint mettre fin au travail de la conférence. Ce document, auquel on donna une publicité au moins intempestive, repoussait énergiquement les modifications que la Porte aurait voulu faire introduire dans la note de Vienne, et donnait en même temps à cet acte l'interprétation qu'avait voulu prévenir le Divan, interprétation qui dénaturait complétement la pensée de conciliation qui en avait dicté les termes. En effet, le ministre russe déduisait toutes les conséquences les plus rigoureuses de la fameuse note, au point qu'il n'était plus permis de douter que, dans l'esprit du gouvernement du tzar, l'œuvre de la conférence ne fût l'équivalent ou plutôt la consécration des prétentions mises en avant et soutenues par le prince Menschikof à Constantinople. En rendant en quelque sorte les puissances occidentales complices d'un succès qu'elle affectait de s'attribuer, la Russie justifiait amplement les réserves que le Divan avait mises à son acceptation, et plaçait les cabinets de

Paris et de Londres dans l'obligation de rompre les négociations qui se poursuivaient à Vienne. Dès lors il ne restait plus à la Porte d'autre parti à prendre que celui de se confier à la légitimité de sa cause, et de repousser la force par la force.

Le 25 et le 26 septembre 1853, le ministre ottoman convoqua en assemblée générale tous les hauts fonctionnaires de l'empire ; il leur rendit compte de la situation des choses, et leur demanda leur avis sur la conduite que la Turquie devait tenir dans une occurrence aussi grave. L'assemblée fut à peu près unanime pour décider que les plus précieux intérêts de l'empire ottoman, autant que sa dignité, commandaient impérieusement à la Porte de déclarer la guerre à la Russie, et de n'entendre aucune proposition de paix avant que ses armées eussent repassé le Pruth. Le 8 octobre, cette décision fut solennellement annoncée par une proclamation du grand-vizir, et le même jour, Omer-Pacha, généralissime des troupes turques en Romélie, somma le prince Gortschakof, général en chef des troupes Russes qui avaient envahi la Moldavie et la Valachie, d'avoir à évacuer ces provinces dans un délai de quinze jours, afin que, s'il en avait besoin, il pût recevoir pendant ce temps-là des instructions de Saint-Pétersbourg. Le 23 octobre, terme fixé au délai accordé par le Divan, les hostilités commencèrent sur le Danube, et les flottes de la France et de l'Angleterre, sur la demande du sultan, quittaient le mouillage de Bésika pour franchir les Dardanelles et venir prendre position dans le Bosphore.

La querelle était enfin sortie du cercle vicieux des négociations pour entrer dans une phase nouvelle.

A la déclaration de guerre du sultan l'empereur de

Russie répondit par un manifeste enthousiaste et mystique, plein d'exaltation religieuse, et qui semblait appeler ses peuples, non à une guerre politique, mais à une croisade ; le tzar s'écriait en terminant : *In te, Domine, speravi, non confundar in æternum.....*

Mais à ce document menaçant, destiné à enflammer le fanatisme des Russes, la diplomatie moscovite opposait, comme toujours, des assurances d'un tout autre caractère. Une circulaire de M. de Nesselrode accompagna le manifeste, et afficha les intentions les plus modérées. On ne s'était emparé, disait-il, des principautés que comme d'un gage matériel destiné à procurer l'obtention des réclamations les plus justes ; on les garderait jusqu'à réparation, *mais sans sortir de la défensive*. On se maintiendrait fortement dans la situation prise, et on y attendrait les Turcs sans prendre l'initiative des hostilités. « Il dépendrait donc entièrement des autres puissances de ne pas élargir les limites de la guerre..... et de ne pas lui imprimer un caractère autre que celui qu'on entendait lui laisser..... Cette attitude défensive, ajoutait le chancelier russe, n'empêcherait même pas la poursuite des négociations, si la Porte, revenant sur ses pas, se décidait à faire des ouvertures pacifiques. »

Ces assurances furent renouvelées verbalement aux représentants des grandes puissances à Saint-Pétersbourg. « Nous ne ferons, disait M. de Nesselrode à sir Hamilton Seymour, aucune attaque contre la Turquie ; *nous resterons les bras croisés*, uniquement résolus à repousser toute agression faite contre nous, soit dans les principautés, soit sur notre frontière d'Asie, que nous avons renforcée. Nous passerons l'hiver ainsi, prêts à recevoir toutes les ouvertures de paix que pourra nous faire la Turquie. » Des assurances semblables, et presque en termes identiques, furent données aux autres ambassadeurs.

Plus tard on a compris le motif de cette apparente modération. On croyait fermement à Saint-Pétersbourg, et même ailleurs, qu'il n'y avait aucune cohésion possible entre les éléments divers dont se composaient les armées musulmanes ; que d'ailleurs l'état obéré des finances de la Turquie ne permettait pas à cet empire de résister longtemps aux charges énormes d'un état de guerre ; qu'enfin, avec une armée si mal organisée, il n'était pas un des généraux ottomans qui osât prendre l'offensive. On épuiserait donc ainsi l'ennemi à distance, et un jour arriverait où, sans avoir combattu, on n'aurait plus devant soi que le fantôme d'une armée, que l'ombre d'une nation. C'était là une des nombreuses illusions qui avaient poussé le cabinet russe dans cette guerre, et c'était la première qui devait s'évanouir.

Le 23 octobre, huit chaloupes canonnières de la flottille russe du Danube, et deux bateaux à vapeur de guerre remontant le fleuve d'Ismaïl à Galatz, furent accueillis par le feu des batteries turques du petit port d'Isatcha. Les bateaux russes passèrent, mais non sans de graves avaries, et sans avoir eu une soixantaine d'hommes hors de combat. Le premier coup de canon était tiré, et il l'avait été par les Turcs.

Quelques jours après, trompant toutes les prévisions de l'ennemi, qui ne pouvait croire qu'il songeât à passer le Danube, ni même qu'il en eût les moyens, Omer-Pacha fit franchir le fleuve à douze mille hommes, près de Viddin. Depuis longtemps ces forces, commandées par

Ismaïl-Pacha, s'étaient établies dans une île située sous le canon de la place turque, et qui partage en cet endroit le Danube en deux bras assez étroits.

Le 2 novembre, un autre corps turc, fort de cinq mille hommes, occupa une île du Danube, entre Turtakaï et Oltenitza. Le lendemain 3, ils franchirent le petit bras, occupèrent la rive gauche, et prirent une bonne position dans un bâtiment appelé la Quarantaine.

Le 4, les Turcs, au nombre d'environ neuf mille hommes, furent attaqués par douze mille Russes, sous les ordres du général Dannenberg. C'est dans le triangle formé par l'Argi, le Danube et le village d'Oltenitza, qu'eut lieu la rencontre. Le terrain était habilement choisi par les Turcs. La rive gauche du Danube est une plaine assez basse et monotone; la rive bulgare, au contraire, s'élève en côte escarpée. Du haut de la rive ottomane, les batteries, garnies de pièces de gros calibre, lançaient à travers le Danube des boulets et des bombes qui atteignaient les Russes jusqu'au pied du village qui leur servait de base d'opération. La cavalerie et l'artillerie russes manœuvraient au contraire avec peine sur un terrain bas et fangeux.

L'artillerie russe se déploya en éventail, juste en face de la Quarantaine, ayant à sa droite l'infanterie, à sa gauche et derrière elle la cavalerie. La soudaineté de l'attaque, conduite par Ismaïl-Pacha et Ahmed-Pacha, empêcha sans doute le général Dannenberg d'occuper une position aussi importante que la Quarantaine, sur la rive gauche du fleuve. Quoi qu'il en soit, cette omission lui coûta de grandes pertes; car, tandis que le gros des troupes turques occupait ce bâtiment et faisait front à l'ennemi, les batteries turques de gros calibre de Turtakaï le prirent en flanc, et arrêtèrent sa marche, déjà ralentie par le feu meurtrier dirigé sur lui du haut des abris de la Quarantaine. Les forces du général Dannenberg furent contraintes à la retraite, avec une perte de plus de douze cents hommes. Les bulletins du prince Gortschakof présentèrent cette affaire comme une victoire; mais personne en Europe, pas même en Russie, dans les classes éclairées, n'y fut trompé; et il fallut bien reconnaître que le premier engagement sérieux, au début de cette guerre, avait été tout à l'avantage des Turcs.

Les hostilités commençaient à la même heure en Asie.

De ce côté, c'est-à-dire dans l'Anatolie, l'armée turque était loin d'offrir une organisation aussi régulière que celle de la Bulgarie, et surtout des généraux aussi capables qu'Omer-Pacha et ses principaux lieutenants. Cette armée, divisée en deux corps d'opération, avait pour base principale d'opération et pour point de ralliement Erzeroum, place importante, mais dont les fortifications, ruinées en 1829 par les Russes, n'avaient pas encore été réparées. La ligne d'opération des deux corps se déployait du sud-est au nord-ouest, en passant par Bayazid, Kagisman, Kars, Ani, Ardachkan, Tchourouksou et Batoum. Chacune de ces localités était un poste d'observation, ou, si l'on veut, un camp mal installé, sans administration militaire, sans hôpitaux, où se confondaient pêle-mêle les contingents asiatiques, composés, pour la plupart, de bandes irrégulières, indisciplinées et indisciplinables.

Toutefois la première expédition tentée par une armée composée d'éléments aussi hétérogènes fut couronnée d'un plein succès.

Sur la longue ligne des possessions russes, à l'est de la mer Noire, qui s'étend du détroit de Yénikalé à la frontière turque, le dernier fort russe, le plus rapproché de Batoum, était celui de Saint-Nicolas. Dans la nuit du 27 au 28 octobre, une petite division du corps d'armée turque de Tchourouksou, composée d'irréguliers Kurdes et d'un bataillon de la garde impériale, se porta sur ce fort, occupé par deux bataillons d'infanterie, par trois compagnies de Kosaques et une compagnie d'artillerie. Les Turcs l'attaquèrent à l'improviste, par terre et par mer, avec tant de vigueur, qu'ils s'en emparèrent, malgré l'héroïque résistance de ses défenseurs. Un bataillon russe tout entier périt sans se rendre, à l'exception de quelques hommes qui se firent jour à la baïonnette. Pendant l'attaque, des troupes russes de renfort accourues d'Ouzourguet furent accueillies par le feu des bataillons de la garde impériale ottomane et mises en pleine déroute. Cette petite affaire coûta à l'armée russe du Caucase plus de mille hommes tués ou blessés.

Quelques jours après les Russes firent une tentative pour reprendre le fort Saint-Nicolas; ils furent repoussés avec perte, et un de leurs bateaux à vapeur, chargé de troupes, fut coulé bas par l'artillerie turque.

C'était pour la Russie un début de mauvais augure. Dès les premiers jours des hostilités, un fort qui portait le nom de S. M. l'empereur de Russie était enlevé de vive force; un navire de guerre disparaissait sous les flots, et ce navire était celui-là même, *le Foudroyant*, qui avait apporté à Constantinople le prince Menschikof et son *ultimatum*. L'orgueil russe ressentit vivement cette blessure inattendue.

« Il m'est douloureux, disait le rapport du général Voronzof sur cette affaire, de commencer nos communications sur nos hostilités avec les Turcs par cet événement si malheureux pour nous ; mais il nous reste à espérer en l'avenir, et à dire *comme* en 1812 : Dieu punira l'agresseur. »

Les succès remportés en même temps sur les rivages de la mer Noire et sur les bords du Danube avaient porté au plus haut point l'enthousiasme et la confiance des Ottomans, et avaient modifié à leur avantage l'opinion de l'Europe, naguère encore prévenue contre leur valeur militaire. Un homme vulgaire se serait laissé éblouir par ces premiers succès, et aurait peut être marché sur Bucharest, qui ne se trouve qu'à deux étapes d'Oltenitza ; c'était le plan que conseillaient des esprits plus audacieux que réfléchis ; mais Omer-Pacha, qui, dans cette compagne, allait révéler à l'Europe un grand capitaine de plus, jugea mieux les difficultés d'un pareil plan. Il savait que, sous quelques jours, les crues du Danube rendraient le retour difficile, peut-être impossible en cas de défaite ; il savait que les plaines fangeuses de la Valachie opposeraient un invincible obstacle aux grandes opérations ; il savait enfin qu'un premier succès n'établissait pas définitivement la supériorité de troupes trop fraîchement organisées pour être bien solides, et il ne voulait engager d'affaire sérieuse qu'à coup sûr et derrière de bons retranchements. Il lui avait suffi, pour le moment, de former rapidement le moral de ses troupes, en leur permettant de déployer, dans des conditions favorables, un élan et une instruction qui avaient fait l'admiration des officiers européens témoins de ces diverses affaires. Maintenant sa pensée était de créer rapidement à l'extrémité de la petite Valachie une position assez forte pour servir de point d'appui à un corps d'armée sérieux. La petite ville de Kalafat, placée presque en face de Viddin, lui parut être le point convenable. Il la fit fortifier convenablement, et y établit une garnison de seize à dix-huit mille hommes. Il forma ainsi une ligne de positions militaires très-étendue, de Viddin à Silistrie et de Schumla aux postes avancés du bas Danube ; et les Russes étaient forcés de rester déployés sur un immense ruban de terrain de la frontière de Bessarabie à celle de Servie, position qui les retenait nécessairement sur la défensive, n'étant pas en forces suffisantes pour pouvoir attaquer avantageusement les Turcs avant l'arrivée du corps d'Osten-Sacken, depuis longtemps annoncé.

Pendant ces opérations, les grandes puissances n'avaient pas abandonné l'espoir de faire aboutir des négociations nouvelles ; et, chose étrange, plus les événements se pressaient et plus la lutte s'engageait, plus l'espoir d'une paix prochaine augmentait avec le désir qu'on avait de la voir conclure. Les représentants des quatre grandes puissances à Constantinople avaient pris l'initiative d'une note à recommander à la Porte : note qui devait, tout en sauvegardant les droits souverains du sultan, donner satisfaction à la Russie. Lord Stratford Redcliffe présentait et patronnait chaleureusement cette combinaison, comme un terme moyen acceptable entre la note de Vienne et les modifications ottomanes, sur la base de la note offerte en dernier lieu par la Porte au prince Menschikof.

Mais tandis que les diplomates s'agitent et discutent ce nouveau projet, que la conférence de Vienne reprend ses séances avec l'espoir d'en voir enfin sortir la paix, un incident nouveau, inattendu et plus grave que tous les précédents, vint donner à la querelle un caractère tout nouveau, et renverser encore une fois les espérances de conciliation : nous voulons parler de l'affaire de Sinope.

Les avantages remportés par les forces ottomanes sur le Danube et sur la côte orientale de la mer Noire avaient irrité profondément l'orgueil de la Russie, et on avait décidé de relever le moral des troupes russes par un succès d'importance ; ce succès, on le chercha là où il était le plus facile à obtenir. La plus grande partie de la flotte ottomane, les vaisseaux de ligne et les grands bateaux à vapeur étaient restés mouillés dans le Bosphore ; mais un certain nombre de bâtiments légers sillonnaient la mer Noire pour ravitailler l'armée d'Anatolie et les différents points de la côte. Une petite division, composée de sept frégates, trois corvettes et deux vapeurs, sous les ordres d'Osman-Pacha, vice-amiral, était partie pour porter des approvisionnements à Batoum ; le mauvais temps la força de relâcher quelques jours à Sinope, ville maritime de l'Anatolie, située sur la côte septentrionale de la mer Noire, à moitié chemin de Constantinople et de Trébizonde.

En ce moment une escadre russe qui parcourait la mer Noire eut connaissance de l'entrée à Sinope de la division navale turque. Elle expédia aussitôt un aviso à Sébastopol pour demander des renforts. Sébastopol n'est qu'à quarante-deux lieues marines de Sinope. Bientôt trois vaisseaux de ligne de cent vingt canons, bien armés et bien montés, vinrent grossir l'escadre russe, déjà bien supérieure à celle d'Osman-Pacha.

Le 30 novembre, à midi, l'escadre russe entra dans la

baie, par un temps brumeux qui ne permettait d'être vu qu'à courte distance. Elle était commandée par le vice-amiral Nachimof, ayant sous ses ordres le vice-amiral Kornilof, aide de camp général, le contre-amiral Novolsilsky et le contre-amiral Pamphilof. Vers une heure et demie les premiers coups de canon furent tirés, et le combat s'engagea à outrance. Il fut terrible, implacable du côté des Russes, héroïquement désespéré du côté des Musulmans.

Les vaisseaux russes n'avaient pas seulement une énorme supériorité d'artillerie, ils avaient encore l'avantage d'un armement tout autrement puissant que celui des Turcs. Les vaisseaux de ligne étaient armés de canons à la Paixhans. Aussi fallut-il moins de cinq minutes au vaisseau *le Grand-Duc Constantin* pour raser une batterie de terre qui se trouvait sous son feu, et pour faire sauter la frégate ottomane qui était mouillée près de cette batterie. La frégate amirale turque sauta également en l'air dès la seconde bordée. Les vaisseaux turcs n'avaient point de canons semblables, mais seulement des bouches à feu dont le plus fort calibre était du vingt-quatre ; encore n'y en avait-il qu'un très-petit nombre.

En quelques heures tous les vaisseaux turcs étaient coulés ou incendiés. Si le tir des Russes avait été plus exact, favorisés comme ils l'étaient par une brise du sud-est qui rabattait la fumée sur la ville, ils eussent détruit leurs ennemis jusqu'au dernier, sans éprouver la moindre avarie. Les Turcs perdirent quatre mille hommes ; onze cents parvinrent à fuir dans les villages voisins de la côte.

Cette victoire facile fut suivie d'une destruction complète des navires jetés à la côte, et dont pas un ne put être remorqué par les vainqueurs. Les bâtiments qui n'avaient pas été coulés ou incendiés par les bombes ou les boulets russes, furent incendiés par les matelots russes. Un navire de commerce anglais, un transport et six petits navires de commerce ottomans, qui se trouvaient sur la rade au moment du combat, partagèrent le sort des navires de guerre, et furent coulés ou brûlés. Deux hommes de l'équipage anglais furent noyés. La ville elle-même fut impitoyablement canonnée et bombardée, sans même que les consuls étrangers fussent avertis à l'avance, selon l'usage, de veiller à leur sûreté et à celle de leurs nationaux. On se contenta, l'œuvre achevée, de protestations amicales, tristement ironiques (1).

La nouvelle de l'affaire de Sinope fut accueillie à Saint-Pétersbourg par des transports d'allégresse. Le rapport du prince Menschikof sur cette triste affaire disait avec un ton de triomphe : « Les *ordres* de Votre Majesté Impériale *ont été exécutés* de la manière la plus brillante par la flotte de la mer Noire. La première escadre turque *qui a osé se présenter au combat... a été détruite.* » Et l'empereur répondait en prodiguant les récompenses et les avancements aux officiers de l'escadre. La lettre de Sa Majesté Nicolas disait : « La victoire remportée à Sinope témoigne de nouveau que notre flotte de la mer Noire remplit dignement sa destination. C'est avec une joie sincère et cordiale

---

(1) Dans une lettre que l'amiral Nachimof écrivit au consul d'Autriche après le combat, il protestait de vives sympathies pour la malheureuse ville de Sinope. Il priait le consul d'être en quelque sorte son interprète auprès des autorités locales, et de leur faire savoir que « l'escadre impériale n'avait été mue d'aucune intention hostile ni contre « la ville, ni contre le port de Sinope. »

que je vous charge de dire à nos braves marins que je les remercie pour ce fait d'armes accompli *pour la gloire de la Russie et l'honneur du pavillon russe.* »

Mais la sensation produite par cet événement fut d'une tout autre nature dans le reste de l'Europe. Une telle agression, après tant d'assurances données par la Russie qu'elle se tiendrait sur la défensive, atteignait profondément la dignité des puissances alliées, et modifiait l'état diplomatique de la question. Les marines alliées eurent d'abord à s'assurer de la réalité des faits, qu'on ne connaissait encore qu'imparfaitement.

Deux frégates des flottes anglaise et française, *la Rétribution* et *le Mogador,* furent envoyées à Sinope pour constater le sinistre et pour porter secours aux malheureuses victimes. Elles virent, en arrivant, le plus épouvantable spectacle. La rade était couverte de cadavres, de mâts brisés, de planches, de cordages et de débris de vaisseaux fumant encore ; le port désert, les maisons renversées, les chantiers de construction brûlés. Un spectacle non moins affligeant les attendait dans la ville. Le quartier turc, renfermant deux mille cinq cents maisons, avait presque entièrement disparu ; le quartier grec, bien que criblé de boulets dans certaines parties, avait moins souffert. A travers les cendres et les décombres, les marins ne trouvèrent dans les maisons restées debout que des blessés et des mourants se tordant dans les angoisses de l'agonie. Deux cent quatre-vingts de ces malheureux furent ramenés à Constantinople.

Ces constatations faites, les ambassadeurs donnèrent à leurs gouvernements respectifs la nouvelle officielle de ce désastre.

CHAPITRE IV

Indignation produite en France et en Angleterre par la nouvelle du massacre de Sinope. — Motifs qui avaient empêché ces deux puissances de faire entrer leurs flottes dans la mer Noire. — Détermination prise en commun par les deux gouvernements. — La Russie demande des explications. — Elles lui sont données. — Le cabinet de Saint-Pétersbourg rappelle ses ambassadeurs de Paris et de Londres. — Lettre de l'empereur Napoléon III à l'empereur Nicolas. — Réponse de l'empereur Nicolas. — Son manifeste à ses peuples. — Évocation des souvenirs de 1812. — Inconvenance de rappeler ces souvenirs. — Circulaire de M. Drouyn de Lhuys à ce sujet. — La Russie, qui se pose en protectrice de la religion prétendue orthodoxe, persécute le catholicisme dans ses États. — Le gouvernement français se prépare à la guerre. — Déclaration de guerre à la Russie annoncée simultanément, en France au corps législatif, en Angleterre au parlement. L'armée française d'Orient est placée sous les ordres du maréchal de Saint-Arnaud. — L'armée anglaise est sous le commandement de lord Raglan. — Emprunt de deux cent cinquante millions. — Le gouvernement français demande aux évêques de prier pour le succès de nos armes. — Lettre pastorale de Mgr l'archevêque de Paris.

La nouvelle du désastre de Sinope produisit en France et en Angleterre une indignation profonde. Les feuilles périodiques de ce dernier pays, dont quelques-unes s'étaient montrées jusque-là hostiles à la Turquie et avaient encouragé les Russes dans leurs entreprises, jetèrent les hauts cris. Passant d'un extrême à l'autre, elles allèrent jusqu'à accuser d'inertie les gouvernements de France et d'Angleterre; puisque les flottes alliées, disaient-elles, avaient franchi les Dardanelles, pourquoi n'étaient-elles pas entrées dans la mer Noire? Leur présence eût suffi pour empêcher ce malheureux événement.

Le motif des puissances alliées pour ne pas envoyer jusque-là leurs flottes dans la mer Noire, avait été leur confiance dans les protestations réitérées de la Russie. La France et l'Angleterre avaient pris au pied de la lettre cette promesse faite par la Russie de rester sur la défensive. Les forces de terre et de mer de la Russie avaient reçu l'ordre, assurait-on, de conserver une attitude défensive et de s'abstenir de tout acte d'agression; on devait donc présumer que le littoral de la mer Noire ne deviendrait en aucun cas le théâtre d'un revers important pour les armes du sultan, et que les escadres combinées pouvaient sans danger conserver la position qu'elles avaient prises à Beïkos. L'acte de destruction accompli à Sinope était venu donner un cruel démenti à ces prévisions. Ce massacre exécuté, pour ainsi dire, sous les yeux des puissances protectrices, sous les canons de leurs vaisseaux mouillés dans le Bosphore, était, en quelque sorte, un défi jeté aux flottes alliées, qui n'eussent certainement pas laissé impunie l'agression, si elles avaient pu en être informées assez tôt. Les cabinets de Paris et de Londres étaient donc autorisés à croire qu'on ne leur avait tenu ce langage modéré que pour endormir la surveillance que leurs pavillons stationnés dans le Bosphore avaient le pouvoir d'exercer, et qu'ils n'eussent point négligée, si leur sécurité n'eût été fondée sur des assurances solennelles. Il était donc de leur honneur et de leur dignité de prendre des mesures pour empêcher à l'avenir le retour de faits de cette nature.

Dès que l'on eut connaissance à Paris de ce qui s'était passé à Sinope, le cabinet des Tuileries proposa au cabinet anglais de s'entendre afin d'envoyer aux vice-amiraux Hamelin et Dundas des instructions identiques pour les charger de déclarer au commandant en chef de la marine russe en Crimée que, les gouvernements de France et d'Angleterre étant résolus à prévenir la répétition de l'événement de Sinope, — tout bâtiment russe rencontré en mer par les nôtres serait dorénavant invité à rentrer dans le port de Sébastopol, ou dans tout autre port russe, et toute agression tentée malgré cet avertissement contre le territoire ou le pavillon ottoman serait repoussée par la force.

Les propositions du cabinet de Paris furent adoptées à Londres, et, le 29 décembre, M. Drouyn de Lhuys chargea le général de Castelbajac, notre ambassadeur à Saint-Pétersbourg, d'en donner connaissance au gouvernement russe. Dans la dépêche par laquelle il transmettait ses instructions à son ministre à Saint-Pétersbourg, le cabinet français, après une récapitulation très-ferme des principaux incidents de la question, déclarait qu'en s'assurant à son tour une compensation des positions militaires prises par la Russie, il n'avait d'autre but que de contribuer à opérer, à des conditions honorables, un rapprochement entre les deux parties belligérantes. En un mot, le gouvernement français terminait par un dernier appel à la conciliation, donnant ainsi une nouvelle preuve de ses dispositions pacifiques, au moment même où les circonstances le plaçaient dans la nécessité de faire un nouveau pas vers la guerre.

La Russie y répondit par une demande d'explications,

en date du 16 janvier 1854, sur le sens des instructions envoyées aux commandants en chef des escadres alliées. Pareille demande fut adressée au cabinet de Londres. Les deux gouvernements alliés répondirent que les amiraux Hamelin et Dundas avaient « l'ordre de mettre le territoire et le pavillon ottoman à l'abri des attaques dont ils pourraient encore devenir l'objet, en faisant rentrer les navires russes rencontrés en mer dans le port russe le plus voisin, et d'empêcher en même temps que les vaisseaux turcs ne dirigeassent aucune agression contre le littoral de l'empire russe. » M. Drouyn de Lhuys donna par une dépêche du même jour au général de Castelbajac, qui devait la communiquer au gouvernement russe, le commentaire développé de la réponse faite à Londres et à Paris aux ambassadeurs de S. M. l'empereur de Russie.

« Si la Russie, disait le ministre des affaires étrangères français, domine aujourd'hui en Moldavie et en Valachie, si elle y interdit à la Porte jusqu'au moindre exercice de sa souveraineté, nous venons, nous, occuper la mer Noire avec nos forces navales pour contre-balancer l'envahissement des provinces du Danube. Notre but est d'empêcher que cette mer, qui baigne les côtes de la Turquie en même temps que celles de l'empire russe, ne devienne encore une autre route pour atteindre un pays dont l'existence importe à l'Europe entière. Il n'y aura pas, dit-on, d'égalité entre les positions, si la flotte russe est retenue dans le bassin de Sébastopol et si la flotte turque sort librement du Bosphore. La remarque est vraie; mais il n'y a pas non plus d'égalité entre les moyens généraux de l'attaque et de la défense, et si, par un sentiment qui a dû être apprécié à sa valeur, nous nous opposons à ce que les vaisseaux turcs dirigent des agressions contre le littoral de la Russie, nous ne saurions leur interdire, dans les conditions que nous avions le droit de mettre à notre appui, la navigation d'une mer où nous ne sommes entrés que parce que la Porte y a consenti. Ce n'est donc pas un armistice naval que nous proposons d'établir, bien qu'en fait il doive exister; c'est d'un armistice plus complet que nous avons eu l'intention de poser les bases. Nous avons agi dans la pensée d'arrêter une guerre funeste, une effusion de sang inutile. Le cabinet de Saint-Pétersbourg, en effet, connaît aujourd'hui les conditions assurément honorables auxquelles la paix peut être rétablie; notre présence dans l'Euxin lui est également expliquée avec assez de loyauté et de franchise pour qu'il comprenne qu'il est le maître de la faire cesser : ce serait s'il faisait évacuer les principautés et les autres points du territoire ottoman occupés par les troupes russes, et s'il négociait avec un plénipotentiaire de la Porte une convention qui serait soumise à une conférence des quatre puissances réunies dans le même lieu. »

Le cabinet de Saint-Pétersbourg répondit à ces explications par un ordre à ses ambassadeurs de Paris et de Londres de demander leurs passe-ports. Les gouvernements de France et d'Angleterre rappelèrent alors leurs ambassadeurs de Saint-Pétersbourg.

Dans la prévision de cette rupture, l'empereur Napoléon III avait cru devoir à son tour tenter une démarche personnelle et directe auprès de l'empereur de Russie. N'espérant plus rien des efforts des chancelleries, il avait écrit, le 29 janvier 1854, à ce souverain une lettre qui était comme un dernier et suprême effort pour maintenir la question sur le terrain des négociations. Comme cette lettre offre un résumé simple et rapide des principaux incidents de la question, qu'elle donne les raisons péremptoires de l'entrée des escadres dans la mer Noire, en même temps qu'elle présente les conditions auxquelles la paix était encore possible, nous croyons devoir reproduire ce document en entier, parce qu'il est une des pièces les plus importantes de ce grand débat, et qu'il montre que jusqu'au dernier moment le gouvernement français a fait tous ses efforts pour conserver la paix.

« Palais des Tuileries, le 29 janvier 1854.

« SIRE,

« Le différend qui s'est élevé entre Votre Majesté et la Porte Ottomane en est venu à un tel point de gravité, que je crois devoir expliquer moi-même directement à Votre Majesté la part que la France a prise dans cette question, et les moyens que j'entrevois d'écarter les dangers qui menacent le repos de l'Europe.

« La note que Votre Majesté vient de faire remettre à mon gouvernement et à celui de la reine Victoria, tend à établir que le système de pression adopté dès le début par les deux puissances maritimes a seul envenimé la question. Elle aurait au contraire, ce me semble, continué à demeurer une question de cabinet, si l'occupation des principautés ne l'avait transportée tout à coup du domaine de la discussion dans celui des faits.

« Cependant, les troupes de Votre Majesté une fois entrées en Valachie, nous n'en avons pas moins engagé la Porte à ne pas considérer cette occupation comme un état de guerre, témoignant ainsi notre extrême désir de conciliation. Après m'être concerté avec l'Angleterre, l'Autriche et la Prusse, j'ai proposé à Votre Majesté une note destinée à donner une satisfaction commune ; Votre Majesté l'a acceptée.

« Mais à peine étions-nous instruits de cette bonne nouvelle, que son ministre, par des commentaires explicatifs, en détruisait tout l'effet conciliant, et nous empêchait par là d'insister à Constantinople sur son adoption pure et simple. De son côté, la Porte avait proposé au projet de note une modification que les quatre puissances représentées à Vienne ne trouvèrent pas inacceptable ; elles n'ont pas eu l'agrément de Votre Majesté.

« Alors la Porte, blessée dans sa dignité, menacée dans son indépendance, obérée par les efforts déjà faits pour opposer une armée à celle de Votre Majesté, a mieux aimé déclarer la guerre que de rester dans cet état d'incertitude et d'abaissement. Elle avait réclamé notre appui ; sa cause nous paraissait juste ; les escadres anglaise et française reçurent l'ordre de mouiller dans le Bosphore.

« Notre attitude vis-à-vis de la Turquie était protectrice, mais passive. Nous ne l'encouragions pas à la guerre. Nous faisions sans cesse parvenir aux oreilles du sultan des conseils de paix et de modération, persuadés que c'était le moyen d'arriver à un accord, et les quatre puissances s'entendirent de nouveau pour soumettre à Votre Majesté d'autres propositions.

« Votre Majesté, de son côté, montrant le calme qui naît de la conscience de sa force, s'était bornée à repousser, sur la rive gauche du Danube comme en Asie, les attaques des Turcs, et avec la modération digne du chef d'un grand empire, elle avait déclaré qu'elle se tiendrait sur la défensive. Jusque-là nous étions donc, je dois le dire, spectateurs intéressés, mais simples spectateurs de la lutte, lorsque l'affaire de Sinope vint nous forcer à prendre une position plus tranchée.

« La France et l'Angleterre n'avaient pas cru utile d'envoyer des troupes de débarquement au secours de la Turquie. Leurs drapeaux n'étaient donc pas engagés dans les conflits qui avaient lieu sur terre. Mais sur mer c'était bien différent. Il y avait à l'entrée du Bosphore trois mille bouches à feu, dont la présence disait assez haut à la Turquie que les deux premières puissances maritimes ne permettraient pas qu'on l'attaquât sur mer. L'événement de Sinope fut pour nous aussi blessant qu'inattendu ; car peu importe que les Turcs aient voulu ou non faire passer des munitions de guerre sur le territoire russe. En fait, des vaisseaux russes sont venus attaquer des bâtiments turcs dans les eaux de la Turquie, et mouillés tranquillement dans un port turc; ils les ont détruits, malgré l'assurance de ne pas faire une guerre agressive, malgré le voisinage de nos escadres. Ce n'était plus notre politique qui recevait là un échec, c'était notre honneur militaire. Les coups de canon de Sinope ont retenti douloureusement dans le cœur de tous ceux qui, en Angleterre et en France, ont un vif sentiment de la dignité nationale. On s'est écrié d'un commun accord : Partout où nos canons peuvent atteindre, nos alliés doivent être respectés.

« De là l'ordre donné à nos escadres d'entrer dans la mer Noire, et d'empêcher par la force, s'il le fallait, le retour d'un semblable événement. De là la notification collective envoyée au cabinet de Saint-Pétersbourg pour lui annoncer que si nous empêchions les Turcs de porter une guerre agressive sur les côtes appartenant à la Russie, nous protégerions le ravitaillement de leurs troupes sur leur propre territoire.

« Quant à la flotte russe, en lui interdisant la navigation de la mer Noire, nous la placions dans des conditions différentes, parce qu'il importait, pendant la durée de la guerre, de conserver un gage qui pût être l'équivalent des parties du territoire turc, et faciliter la conclusion de la paix en devenant le titre d'un échange désirable.

« Voilà, Sire, la suite réelle et l'enchaînement des faits. Il est clair qu'arrivés à ce point, ils doivent amener promptement ou une entente définitive ou une rupture décidée.

« Votre Majesté a donné tant de preuves de sa sollicitude pour le repos de l'Europe, elle y a contribué si puissamment par son influence bienfaisante contre l'esprit de désordre, que je ne saurais douter de sa résolution dans l'alternative qui se présente à son choix.

« Si Votre Majesté désire autant que moi une conclusion pacifique, quoi de plus simple que de déclarer qu'un armistice sera signé aujourd'hui, que les choses reprendront leur cours diplomatique, que toute hostilité cessera, et que toutes les forces belligérantes se retireront des lieux où des motifs de guerre les ont appelées ?

« Ainsi les troupes russes abandonneraient les principautés, et nos escadres la mer Noire. Votre Majesté préférant traiter directement avec la Turquie, elle nommerait un ambassadeur qui négocierait avec un plénipotentiaire du sultan une convention qui serait soumise à la conférence des quatre puissances.

« Que Votre Majesté adopte ce plan, sur lequel la reine d'Angleterre et moi sommes parfaitement d'accord, la tranquillité est rétablie et le monde satisfait. Rien, en effet, dans ce plan qui ne soit digne de Votre Majesté, rien qui puisse blesser son honneur. Mais si, par un motif difficile à comprendre, Votre Majesté opposait un refus, alors la France comme l'Angleterre serait obligée de laisser au sort des armes et aux hasards de la guerre ce qui pourrait être décidé aujourd'hui par la raison et par la justice.

« Que Votre Majesté ne pense pas que la moindre animosité puisse entrer dans mon cœur ; il n'éprouve d'autres sentiments que ceux exprimés par Votre Majesté elle-même dans sa lettre du 17 janvier 1853, lorsqu'elle m'écrivait : « Nos relations doivent être sincèrement amicales, « reposer sur les mêmes intentions : maintien de l'ordre, « amour de la paix, respect aux traités et bienveillance « réciproque. » Ce programme est digne du souverain qui le traçait, et, je n'hésite pas à l'affirmer, j'y suis resté fidèle. »

Ce langage digne et conciliant à la fois ne fut pas entendu de l'empereur de Russie. La réponse qu'il fit à cette lettre est empreinte d'un bout à l'autre d'un ton d'aigreur et de reproches, et elle se termine par le refus formel de souscrire aux propositions de l'empereur Napoléon, sous prétexte que ces propositions lui sont adressées dans une forme menaçante. « Quoi que Votre Majesté décide, ajoute-« t-il immédiatement, ce n'est pas devant la menace que « l'on me verra reculer. Ma confiance est en Dieu et dans « mon droit, et la Russie, j'en suis garant, *saura se* « *montrer en* 1854 *ce qu'elle fut en* 1812. »

Quelques jours après, l'empereur Nicolas adressait à ses peuples un manifeste pour leur annoncer ses résolutions.

Après avoir sommairement rappelé les causes de sa rupture avec les puissances occidentales, il ajoute : « Ainsi pour
« la Russie combattant pour l'orthodoxie, se placent à
« côté des ennemis de la chrétienté l'Angleterre et la
« France!

« Mais la Russie ne manquera pas à sa sainte vocation,
« et, si la frontière est envahie par l'ennemi, nous sommes
« prêts à lui faire tête avec l'énergie dont nos ancêtres
« nous ont donné l'exemple. Ne sommes-nous pas aujour-
« d'hui ce même peuple russe dont la vaillance est attestée
« par les fastes mémorables de l'année 1812? Que le
« Très-Haut nous aide à le prouver à l'œuvre. Dans cet
« espoir, combattant pour nos frères opprimés qui con-
« fessent la foi du Christ, la Russie n'aura qu'un cœur et
« une voix pour s'écrier : « Dieu ! notre Sauveur! qu'a-
« vons-nous à craindre ? Que le Christ ressuscite, et que
« ses ennemis se dispersent. »

Ainsi le tzar, non content d'assimiler cette guerre à celle de 1812, voulait encore en faire une guerre religieuse, et présentait, avec une sorte d'emphase, les puissances alliées s'armant pour la défense du croissant contre la croix. Du reste, qu'il parle à ses peuples des fastes mémorables de cette année 1812, cela se conçoit ; car en Russie tout cède à la volonté des tzars, même la vérité historique. Ainsi il a été décrété que la bataille de la Moskowa, qu'ils appellent de Borodino, a été gagnée par l'armée russe, et il n'est pas un fidèle sujet du tzar qui ne croie à cette victoire comme à un article de foi. On leur a de même persuadé que c'est à la vaillance des Russes, et non pas au froid excessif qui fit périr les quatre cinquièmes de l'armée française, qu'est due la désastreuse retraite de

Moscou. Mais vouloir effrayer les Français de 1854 des souvenirs de 1812, ce n'était qu'une ridicule fanfaronnade ; à moins que le tout-puissant autocrate n'eût eu le pouvoir de transporter en Crimée le climat de Smolensk et de Moscou. Quant à évoquer ces souvenirs à l'égard de l'empereur Napoléon III, c'était une haute inconvenance envers « un souverain qui venait d'essayer loyalement un suprême effort de conciliation, » ainsi que le dit M. Drouin de Luys dans sa circulaire du 5 mars aux agents diplomatiques. « Toute la conduite de l'empereur Napoléon, ajoute le ministre, atteste que, s'il est fier de l'héritage de gloire que lui a laissé le chef de sa race, il n'a rien négligé pour que son avénement au trône fût un gage de paix et de repos pour le monde. » Quant au manifeste de l'empereur Nicolas à ses peuples, voici en quels termes le réfute M. Drouyn de Luys dans le document dont nous venons de parler.

« La France et l'Angleterre n'ont pas à se défendre de l'imputation qu'on leur adresse ; elles ne soutiennent pas l'islamisme contre la prétendue orthodoxie grecque ; elles vont protéger le territoire ottoman contre les convoitises de la Russie ; elles y vont avec la conviction que la présence de leurs armées en Turquie fera tomber les préjugés déjà bien affaiblis qui séparent encore les différentes classes de sujets de la Sublime Porte, et qui ne pourraient renaître que si l'appel parti de Saint-Pétersbourg, en provoquant des haines de race et une explosion révolutionnaire, paralysait les généreuses intentions du sultan Abdul-Medjid.

« Pour nous, nous croyons sincèrement, en prêtant notre appui à la Turquie, être plus utiles à la foi chrétienne que le gouvernement qui en fait l'instrument de son ambition temporelle. La Russie oublie trop, dans les reproches qu'elle fait aux autres, qu'elle est loin d'exercer dans son empire, à l'égard de ceux de ses sujets qui ne professent point le culte dominant, une tolérance égale à celle dont la Sublime Porte peut à bon droit s'honorer, et qu'avec moins de zèle apparent pour la religion grecque au delà de ses frontières, et plus de charité pour la religion catholique chez elle, elle obéirait mieux à la loi du Christ qu'elle invoque avec tant d'éclat. »

C'est en effet un singulier aveuglement que de vouloir représenter la Russie comme la protectrice naturelle de la chrétienté en Orient. Car ce prétendu protecteur du christianisme n'est autre que le persécuteur acharné du catholicisme en Russie, le chef de ce gouvernement théocratique dont la haine cruelle pour tout ce qui n'est pas sa propre religion politique a peuplé pendant trente ans de martyrs les neiges de la Sibérie et les montagnes du Caucase. Est-on vraiment bien fondé à réclamer pour un culte qu'on dit persécuté, quand on persécute soi-même les autres cultes? Y a-t-il au monde une législation plus tyrannique que la législation religieuse de l'empire russe? Elle consacre l'intolérance; elle place au rang des suspects tous ceux qui ne professent pas le culte soi-disant orthodoxe; elle défend aux catholiques la prédication, l'enseignement, l'apostolat. Et pourtant la Russie compte douze millions de chrétiens qui ne sont pas grecs, sur une population de soixante-cinq millions d'âmes : c'est plus d'un sur cinq ! Et pourtant les droits de ces chrétiens ont été placés sous la protection des traités !

Il semble donc, comme le dit avec tant de justesse M. le ministre des affaires étrangères, qu'il faudrait donner l'exemple d'un grand respect de la liberté de conscience avant d'imposer aux autres une tolérance qu'on n'a pas soi-même. Il faudrait respecter les grands principes d'humanité et de conciliation avant de s'en porter le champion. La tolérance entendue de cette façon semble, à bon droit, n'être que le masque d'un intérêt égoïste.

Le gouvernement français se prépara avec activité, et ouvertement, à la guerre, dès le jour où la réponse du tzar à la lettre de l'empereur Napoléon fut connue, et il décida d'envoyer, conjointement avec vingt-cinq mille Anglais, un corps composé de trois divisions, formant ensemble cinquante mille hommes, sauf à augmenter successivement cet effectif, si les circonstances l'exigeaient. En même temps un message de l'empereur au corps législatif et au sénat annonçait officiellement la déclaration de guerre, pendant qu'une déclaration semblable était faite au parlement d'Angleterre au nom de la reine Victoria.

L'armée d'Orient, fortement organisée et munie d'un matériel plus que suffisant pour parer à toutes les éventualités, fut placée sous les ordres du maréchal Leroy de Saint-Arnaud, ministre de la guerre. L'armée anglaise, qui ne tarda pas à la suivre, était commandée par lord Raglan, militaire consommé, formé à l'école du duc de Wellington, et qui eut un jour la gloire de laisser un de ses bras sur un champ de bataille. En même temps, deux flottes importantes, l'une commandée par l'amiral Parseval-Deschênes, et l'autre par l'amiral Napier, se dirigeaient vers la Baltique.

Pour faire face à toutes les dépenses sans créer de nouvelles charges, sans augmenter les impôts, un emprunt de deux cent cinquante millions fut voté par le corps législatif. Mais, contrairement aux usages qui livraient en pareil cas la fortune publique à l'agiotage de quelques gros capitalistes, l'empereur voulut que cet emprunt, ouvert à tout le monde, fût transformé en quelque sorte en souscription nationale. Le résultat prouva qu'il n'avait pas trop présumé du patriotisme de la France. En quelques jours l'emprunt fut couvert; la somme fixée fut même de beaucoup dépassée, et, selon qu'il avait été annoncé, on dut faire subir aux plus importantes souscriptions une réduction notable.

Avant d'engager une lutte qui avait pour point de départ et pour motif une question religieuse, le gouvernement français eut la noble inspiration de placer ses armes sous la protection de *Celui qui commande aux vents et aux flots, et qui dispose à son gré de la victoire.* Tous les évêques de France, répondant aux intentions du chef de l'État, et revêtant d'une sorte de consécration religieuse la guerre que nous allions entreprendre, publièrent d'admirables lettres pastorales, et ordonnèrent des prières publiques pour le succès de nos armes. Le premier, Mgr l'archevêque de Paris s'adressa à ses diocésains dans un langage vraiment apostolique, et où l'on trouve, à côté des inspirations du pontife, les accents patriotiques du citoyen. Nous en citerons ce passage, qui explique d'une manière admirable le véritable caractère de cette guerre, ou, comme le dit le prélat, *sa véritable raison providentielle.* « Une nouvelle barbarie nous menace, disait-il. Le christianisme corrompu de Photius a rendu la foi esclave d'un puissant potentat; il en fait aujourd'hui l'instrument d'une ambition qui ne connaît plus de bornes; il veut tout soumettre, corps et âme, à sa menteuse orthodoxie. Si une fois ce colosse était debout sur le Bosphore, un pied sur l'Europe, un pied sur l'Asie, la perte des nations serait accomplie; l'on pourrait suivre de l'œil leur décadence et marquer l'heure de leur complète ruine. Arrêter la marche du géant du Nord, limiter et circonscrire sa puissance, c'est donc une question de vie et de mort pour les peuples civilisés, pour l'Église de Jésus-Christ et pour la véritable orthodoxie. Voilà la vraie et grande raison, la raison providentielle de l'expédition qui se prépare, et c'est pourquoi nous appelons, nous aussi, cette guerre une *guerre sainte*. Oui, en partant pour cette glorieuse expédition, nos soldats pourraient répéter le vieux cri de nos pères : ***Dieu le veut !*** »

Oui, c'est une véritable croisade que nous avons entreprise, croisade où, tandis que nos soldats combattaient avec un courage héroïque contre les armées de l'autocrate du Nord, ils apportaient aux peuples de l'Orient les bienfaits de la civilisation chrétienne, et faisaient évanouir les préventions qu'inspirait aux musulmans ce seul nom de chrétien. Car, ainsi que l'a dit un publiciste éminent, « une fois entrée dans le bassin de la mer Noire, cette civilisation n'en sortira plus (1). »

(1) M. Saint-Marc Girardin.

CHAPITRE V

Défaite des Turcs en Asie. — Leurs succès sur le Danube. — Embarras du tzar. — Traité d'alliance entre la France, l'Angleterre et la Turquie. — Le général Paskewitch est mis à la tête de l'armée du Danube. — Passage du Danube par les Russes. — Siége de Silistrie. — La flotte anglo-française reçoit l'ordre de commencer les hostilités dans la mer Noire. — Envoi d'un bâtiment parlementaire à Odessa. — Les batteries russes tirent sur l'embarcation qui portait le pavillon parlementaire. — Une escadre anglo-française se présente devant Odessa pour punir cette violation du droit des gens. — Bombardement du port militaire d'Odessa. — Expédition de la flotte alliée sur la côte asiatique de la mer Noire. — La flotte russe n'ose se montrer nulle part, et se retire dans le port de Sébastopol. — Continuation du siége de Silistrie. — Belle défense de cette place. — Arrivée des troupes françaises à Gallipoli. — Une autre partie de l'armée alliée, débarquée à Scutari, est envoyée à Varna. — Vaine tentative de corruption envers le gouverneur de Silistrie. — Pertes de l'armée russe. — Les Russes lèvent le siége de Silistrie. — Bataille de Giurgewo; défaite des Russes. — Réunion des divisions françaises à Varna. — Revue de l'armée. — Invasion du choléra. — Mort chrétienne des généraux Ney duc d'Elchingen et Carbuccia. — Lettre d'un aumônier. — Prise de Bomarsund. — Traité de l'Autriche avec la Turquie. — Occupation par l'Autriche des provinces danubiennes. — Préparatifs de l'expédition de Crimée. — Proclamation du maréchal de Saint-Arnaud. — Embarquement. — Réunion à l'île des Serpents. — Reconnaissance envoyée sur le littoral de la Crimée. — Arrivée de l'expédition sur les côtes de Crimée. — Débarquement et installation de l'armée dans la baie d'Eupatoria. — Proclamation du maréchal. — Occupation de la ville d'Eupatoria.

Nous avons vu, dans un précédent chapitre, les premiers succès des Turcs sur le Danube. En Asie, ils n'avaient pas conservé les mêmes avantages. Ils avaient été chassés des provinces russes qu'ils avaient envahies, et avaient essuyé deux sanglantes défaites, le 26 novembre, à Akhaltzikh, et le 1er décembre à Bach-Kadyk-Lar. Mais l'infériorité des Turcs en Asie était amplement compensée par leur supériorité sur le Danube ; et, même en Asie, les succès des Russes étaient plus apparents que réels. Leurs victoires, remportées par les meilleures troupes de l'empire, par les soldats aguerris du Caucase, sur des hordes indisciplinées, n'avaient eu après tout d'autre résultat que de dégager le territoire russe et de rejeter l'ennemi sur sa propre frontière. La saison s'était trouvée trop avancée pour l'y poursuivre.

Il se trouvait en définitive, à la fin de la campagne de 1853, que les Russes s'étaient montrés plus faibles, les Turcs plus forts qu'on ne l'eût pensé à l'avance. La Russie avait été formidable tant qu'elle n'avait pesé sur la Turquie et sur l'Europe que du poids de sa force morale ; mais le jour où elle avait voulu passer à l'action, sa faiblesse s'était révélée. C'était d'un triste augure pour l'avenir.

Irrité par la résistance inattendue qu'il avait rencontrée sur le Danube, le tzar, qui jusqu'au dernier moment s'était abusé sur les dispositions et l'accord qui unissaient la France et l'Angleterre, venait de voir encore cette dernière espérance lui échapper. Ces deux puissances lui avaient simultanément déclaré la guerre, et elles signaient presque en même temps entre elles et avec la Porte des traités d'alliance par lesquels elles s'engageaient à envoyer leurs armées de terre et de mer au secours de la Turquie et de l'équilibre européen menacé. Enfin elles usaient de toute leur habileté et de toute leur énergie pour amener l'Allemagne à concourir à leurs opérations militaires, comme elle s'était associée à leurs efforts diplomatiques.

Ce fut au milieu de ces complications que s'ouvrit pour la Russie la campagne de 1854. Il fallait relever sur ce point le prestige de ses armes affaibli dans l'automne précédent, et surtout frapper quelque coup décisif avant l'arrivée de l'armée anglo-française, dont l'embarquement était commencé. Pour inspirer de la confiance aux troupes, on rappela le prince Gortschakof, qui s'était laissé battre en plusieurs rencontres, et l'on mit à la tête de l'armée russe du Danube le général Paskewitch, vieillard presque octogénaire, qui passait non-seulement pour être habile, mais surtout pour être heureux à la guerre.

Le 23 mars 1854, les Russes opérèrent le passage du Danube sur trois points différents, et s'établirent sans difficulté dans la presqu'île formée par le coude du Danube à l'extrémité nord-est de la Bulgarie, et qui porte le nom de Dobrutscha. Les Turcs ne s'étaient défendus que sur quelques-uns des points fortifiés qui protégeaient imparfaitement cette ligne ; ils s'étaient repliés sur la ligne de Schoumla, selon les instructions sagement conçues de leur général en chef, Omer-Pacha.

La présence des Russes dans la Dobrutscha fut le signal de violences et d'exactions de toute espèce. Mastchin et Kustendji, dont ils s'emparèrent sans résistance, furent livrés aux flammes. A Turtakaï, les Russes perdirent deux mille cinq cents hommes, et ne purent enlever la position.

Le but des troupes russes, après s'être établies dans la Dobrutscha, était d'en faire le centre de leurs mouvements, et de s'y fortifier en s'emparant successivement des places qui s'y rattachent soit à l'est soit à l'ouest, et leurs opérations commencèrent par le siége de Silistrie. Cette ville fut investie par une armée de quarante mille hommes et quatre-vingts pièces de canon.

Pendant que les Russes pressaient le siége de Silistrie, les flottes anglaise et française recevaient avec un joyeux enthousiasme la nouvelle de la déclaration de guerre et l'ordre de commencer les hostilités dans la mer Noire. Mais auparavant les amiraux alliés envoyèrent un bâtiment parlementaire à Odessa pour y prendre les consuls de France et d'Angleterre, et ceux des individus de ces deux nations qui pouvaient désirer sortir de cette ville avant l'ouverture des hostilités avec la Russie. La frégate à vapeur anglaise *le Furious* fut chargée de cette mission. Malgré le pavillon parlementaire qu'elle portait et que son embarcation portait également, les batteries d'Odessa tirèrent sept coups de canon à boulet sur cette même embarcation, peu d'instants après qu'elle avait quitté le quai et les autorités maritimes.

Indignés de cette violation sauvage du droit des gens, les amiraux Dundas et Hamelin résolurent d'en tirer une vengeance éclatante.

Le 22 avril au matin, huit frégates à vapeur, dont trois françaises et cinq anglaises, se dirigèrent sur le port d'Odessa, et bientôt, après une sommation restée sans réponse, elles ouvrirent leur feu, qui dura jusqu'à cinq heures. La batterie du Môle était incendiée ; la poudrière avait sauté ; quinze navires russes étaient coulés ou en feu. Les établissements de la marine impériale étaient également détruits. La ville et le port marchand, où se trouvaient réunis un grand nombre de navires de toutes les nations, avaient été épargnés. Plusieurs de ces navires avaient même pu, profitant du désordre causé par le bombardement, sortir du port, et, entre autres, les deux seuls navires français qui s'y trouvaient. Enfin, on avait pris à l'ennemi treize bâtiments chargés de munitions, et la perte des alliés n'avait été que de deux hommes tués et dix-huit blessés.

Dans une autre partie de la mer Noire, les vaisseaux de la flotte alliée parcouraient le littoral du côté de l'Asie, et, à leur approche, les Russes brûlaient tous les forts qu'ils possédaient sur cette côte, forts qui leur avaient coûté à construire des centaines de millions; ils se retiraient dans l'intérieur, abandonnant ces positions aux Turcs ou aux Circassiens. La flotte russe, si menaçante naguère dans toute l'étendue de cette mer, n'osa pas se montrer un instant en présence des vaisseaux anglais et français; elle se retira honteusement derrière les remparts de Sébastopol, qui ne devaient pas la préserver de sa destruction. Tout ce que les Russes purent imaginer pour leur défense sur mer, fut d'augmenter les dangers de la navigation pour leurs ennemis en supprimant toutes les bouées indicatives des endroits périlleux, en éteignant les phares et en les remplaçant par des feux trompeurs; enfin, en tendant dans les ports, les rades et les baies, des chaînes de fer cachées sous l'eau, et en garnissant leurs abords de machines infernales.

Cependant les Russes pressaient vivement le siége de Silistrie. Le général Paskewitch avait compris que de la prise de cette place dépendait le sort de toute la campagne; aussi il n'hésita pas à abandonner la ligne de l'Olta et à évacuer toute la petite Valachie, afin de concentrer ses troupes, et de réunir sous les murs de Silistrie des forces imposantes. Mais plus l'attaque était vigoureuse, plus la défense était héroïque. Mussa-Pacha, le défenseur de Silistrie, déployait un talent et un courage au-dessus de tout éloge. L'Europe suivait avec anxiété les phases de cette lutte acharnée, et nos soldats brûlaient d'impatience d'arriver pour y prendre part.

Dans les derniers jours de mars un premier convoi de troupes françaises touchait le territoire ottoman, à Gallipoli, et durant tout le mois d'avril d'autres convois plus nombreux se succédèrent sans relâche. La marine reçut en même temps un accroissement notable. Une seconde escadre fut formée dans la Méditerranée sous les ordres du vice-amiral Bruat pour seconder au besoin les opérations de celle de la mer Noire, tandis que, comme nous l'avons déjà dit, une troisième escadre se préparait à entrer dans la Baltique.

Une partie de l'armée alliée, débarquée à Scutari, se rendit par mer à Varna, tandis qu'une division, partie de Gallipoli, se dirigeait sur Andrinople pour rejoindre par terre l'armée d'Omer-Pacha au delà du Balkan. Il fallait à tout prix que les Russes s'emparassent de Silistrie avant l'arrivée de ces formidables renforts. Aussi l'armée russe redoubla ses attaques; mais toutes furent victorieusement repoussées. Le général russe tenta alors de gagner Mussa-Pacha à prix d'argent : c'était un moyen qui avait souvent réussi aux généraux moscovites dans les anciennes guerres contre la Turquie; mais Mussa-Pacha refusa avec une noble indignation ce honteux marché. Quelques jours après, ce brave guerrier fut frappé à mort par un boulet ennemi; mais la place n'en continua pas moins son héroïque résistance, et l'armée du tzar eut à subir aussi les pertes les plus douloureuses. Le maréchal Paskewitch, blessé, se vit contraint de quitter les opérations du siége ; le général Schilder, commandant les travaux du génie, mourut à la suite d'une amputation ; le général Luders et le prince Gortschakok lui-même furent également blessés, et mis hors de combat ; enfin, un grand nombre d'officiers russes, les plus distingués et les plus braves, furent aussi tués ou blessés. Après plus d'un mois d'efforts soutenus, les Russes levèrent le siége de Silistrie, laissant devant cette place quinze mille cadavres. De son côté, la garnison turque comptait trois mille morts et un nombre égal de blessés.

Quand Omer-Pacha arriva, il trouva la ville délivrée. Après quelques jours de repos, le général turc dirigea toutes les forces qu'il avait concentrées près de lui sur Roustchouk, pour chasser les Russes de Giurgewo et des îles qu'ils occupaient sur le Danube, entre cette place et Roustchouk. Le 12 juin, à la pointe du jour, le combat s'engagea et dura jusqu'au 13 à la nuit, sans autre interruption que quelques heures pendant la nuit du 12 au 13. Pendant ces deux longues journées, on se battit avec un acharnement sans pareil de part et d'autre. Les Russes furent repoussés sur tous les points, et forcés d'abandonner leurs positions avec une perte de six mille hommes. Ils continuèrent le lendemain leur mouvement de retraite, toujours harcelés par les Turcs, et ils finirent par se concentrer sur le Sereth, de manière à faire face à Omer-Pacha, qui venait d'opérer sa jonction avec l'armée anglo-française.

En effet, à la fin de juin, les divisions Canrobert, Napoléon et Forey étaient réunies à Varna. La division Bosquet, venant d'Andrinople à travers les Balkans, devait arriver le 5 et le 6 juillet. Le 1ᵉʳ juillet, le maréchal de Saint-Arnaud visita les trois divisions, établies sur un plateau à une lieue et demie de Varna, au grand air, près des bois, dans une position qui paraissait on ne peut plus favorable à la santé du soldat. Toutes ces troupes étaient admirables de tenue, de courage et d'entrain. Elles n'avaient qu'une préoccupation, celle d'en venir aux mains le plus tôt possible avec les Russes ; et, comme on venait d'annoncer leur retraite de Silistrie et des bords du Danube, elles craignaient que leur rencontre avec l'ennemi ne fût encore ajournée.

Omer-Pacha vint au camp de Varna le 3 juillet, et assista le 5 à une revue des troupes qui s'y trouvaient. Il repartit plein de confiance pour rejoindre son armée, convaincu qu'avec de tels auxiliaires la Turquie n'avait rien à craindre de tous les efforts de l'empire russe.

Mais ce n'était pas dans cette contrée que nos soldats devaient se trouver en face de l'armée moscovite. Un autre ennemi, sur lequel on ne comptait pas, devait les attaquer et mettre leur courage à une plus rude épreuve que ne l'auraient fait des batteries de canon chargées à mitraille et tous les appareils les plus redoutables de la guerre. Le choléra vint s'abattre sur les troupes débarquées à Varna et à Gallipoli, malgré toutes les précautions de salubrité prises pour prévenir ce fléau, et en peu de semaines elles se virent décimées par cet hôte redoutable. C'était une terrible épreuve pour des guerriers qui ne rêvaient que gloire et brillants exploits, ou au moins que blessures honorables reçues sur un champ de bataille, de se voir exposés sans défense à des souffrances atroces et à une mort sans gloire. Eh bien ! cette épreuve, ils la supportèrent avec une résignation toute chrétienne, et l'exemple de cette résignation leur fut donné par leurs chefs eux-mêmes. Qui n'a lu avec attendrissement les détails touchants de la mort si héroïque et si chrétienne du général Ney, duc d'Elchingen (1), et du brave général Carbuccia, succombant des premiers au fléau? Il est inutile de parler du zèle des aumôniers et des sœurs de charité, qui se multipliaient pour porter aux malades les secours de l'âme et du corps. Sous l'impression de terreur que causait le choléra, les sentiments de foi se ranimaient dans tous les cœurs ; les officiers étaient les premiers à recourir au ministère du prêtre; quant aux braves soldats, ils mouraient avec une aussi grande édification, en priant l'aumônier d'écrire à leurs parents qu'ils avaient fini en bons chrétiens.

« Toutes les fois que j'entrais dans ces lieux de désolation, écrivait un religieux attaché à l'armée expéditionnaire en qualité d'aumônier, je m'entendais appeler de toutes parts : « Monsieur l'aumônier, venez à moi, hâtez-vous de me réconcilier avec Dieu, car je n'ai plus que quelques moments à vivre. » — D'autres me serraient affectueusement la main et me disaient : « Que nous sommes heureux de vous avoir au milieu de nous! si vous n'étiez pas là, qui nous consolerait dans nos derniers moments? » — Quelqufois j'entendais des confessions en me rendant d'un hôpital à l'autre; d'autres fois, je rencontrais des officiers et des soldats m'attendant sur les escaliers intérieurs de l'hôpital. Je m'appuyais sur les mêmes escaliers; ils se mettaient à genoux à mes côtés, et recevaient le pardon

---

(1) Le duc d'Elchingen était le second fils du maréchal Ney, prince de la Moskowa.

de leurs fautes. — Quand ils m'apercevaient dans les rues, ils descendaient de cheval, me remerciaient affectueusement, et ajoutaient presque toujours : « Surtout, si je suis atteint, ne manquez pas de vous rendre au premier appel. »
— Tous les soirs, nous avions une cérémonie religieuse pour l'enterrement des officiers. Un jour que j'avais sous les yeux sept ou huit bières, et autour de moi l'état-major de tous les régiments, je demandai la permission d'adresser quelques paroles. Debout, sur une tombe, je parlai pendant une heure; jamais je n'avais contemplé de spectacle plus émouvant; je voyais de grosses larmes couler de tous les yeux, et je n'entendais autour de moi que des sanglots. »

Si quelque chose dut adoucir un instant l'amertume de si cruelles épreuves, ce fut la nouvelle de notre rapide et brillante expédition de Bomarsund. Encore, à la joie que causait cet heureux événement, se mêlait-il pour nos soldats d'Orient un sentiment de regret, en comparant leur sort à celui de leurs camarades de la Baltique. En effet, tandis que les premiers mouraient sur les rives inhospitalières de l'Euxin, après cinq mois de campagne et sans avoir vu une seule fois l'ennemi, les seconds, embarqués à Calais le 16 juillet, entraient le 6 août dans la baie de Lumpar, dans les îles d'Aland, et quelques jours après attaquaient et détruisaient la forteresse de Bomarsund, malgré ses remparts de granit, que le canon, disaient les Russes, ne pouvait ébranler. Deux mille quatre cents prisonniers et deux cents pièces de canon étaient les trophées de cette victoire, par laquelle nos marins et nos soldats de la Baltique célébrèrent la fête de l'empereur, le 15 août 1854.

Enfin le moment arriva où notre armée d'Orient allait sortir de sa léthargie, et n'aurait plus rien à envier à sa sœur l'armée du Nord. L'Autriche venait de faire avec la Turquie un traité en vertu duquel une armée autrichienne allait occuper la Moldavie et la Valachie. L'armée russe se détermina alors à abandonner entièrement ces provinces et à se retirer derrière le Pruth. Notre présence dans ces parages devenant pour le moment inutile, le maréchal de Saint-Arnaud conçut alors le projet d'aller frapper la puissance du tzar dans sa forteresse soi-disant inexpugnable, celle qui le rendait maître absolu de la mer Noire, Sébastopol en un mot.

Une immense expédition fut rapidement préparée à Varna : trente mille Français, vingt-cinq mille Anglais, dix mille Turcs furent réunis dans cette ville en même temps qu'un énorme matériel de guerre, pour être embarqués sur une flotte composée de plus de cinq cents bâtiments à voiles, et une multitude de bâtiments à vapeur.

Ces préparatifs remplissaient de joie nos soldats, et contribuaient à leur guérison, quoiqu'ils ignorassent le but réel de l'expédition ; quant aux Russes, ce projet leur paraissait tellement audacieux qu'ils ne pouvaient y croire. Enfin, la proclamation suivante du maréchal de Saint-Arnaud, mise à l'ordre du jour de l'armée le 25 août, vint dissiper tous les doutes.

« Soldats, vous venez de donner de beaux spectacles de persévérance, de calme et d'énergie, au milieu de circonstances douloureuses qu'il faut oublier.

L'heure est venue de combattre et de vaincre. L'ennemi ne nous a pas attendus sur le Danube. Ses colonnes, démoralisées, détruites par la maladie, s'en éloignent péniblement. C'est la Providence, peut-être, qui a voulu nous épargner l'épreuve de ces contrées malsaines; c'est elle aussi qui nous appelle en Crimée, pays salubre comme le nôtre, et à Sébastopol, siége de la puissance russe, dans ces murs où nous allons chercher ensemble le gage de la paix et de notre retour dans nos foyers. L'entreprise est grande et digne de vous. Vous la réaliserez à l'aide du plus formidable appareil militaire et maritime qui se vit jamais.

« Les flottes alliées, avec leurs trois mille canons et leurs vingt-cinq mille braves matelots, vos émules et vos compagnons d'armes, porteront sur la terre de Crimée une armée anglaise, dont vos pères ont appris à respecter la haute valeur; une division choisie de ces soldats ottomans qui viennent de faire leurs preuves à vos yeux; et une armée française que j'ai le droit d'appeler l'élite de notre armée tout entière.

« Je vois là plus que des gages de succès, j'y vois le succès lui-même.

« Généraux, chefs de corps, officiers de toutes armes, vous partagerez et vous ferez passer dans l'âme de vos soldats la confiance dont la mienne est remplie.

« Bientôt nous saluerons ensemble les trois drapeaux réunis, flottant sur les remparts de Sébastopol, de votre cri national : *Vive l'empereur !* »

Cette proclamation fut accueillie avec enthousiasme par les soldats, heureux d'apprendre qu'ils allaient enfin marcher à l'ennemi. Le 2 septembre, les trois escadres anglaise, française et turque, mirent à la voile par un temps magnifique. C'était un majestueux et imposant spectacle que celui de ce formidable armement, destiné à porter à la puissance moscovite des coups qui devaient lui être si sensibles; l'union des marins et des soldats des trois nations alliées, l'ardeur qui les animait, le courage et le talent des chefs, tout inspirait une pleine confiance dans l'avenir, et cette confiance ne devait pas être trompée.

Le 8 septembre, les escadres se rallièrent à l'île des Serpents, comme on en était convenu d'avance. Le même jour, une conférence eut lieu à bord du vaisseau anglais *le Caradoc*, entre le maréchal de Saint-Arnaud, commandant en chef de l'armée française, lord Raglan, général en chef de l'armée anglaise, l'amiral Dundas, commandant la flotte britannique, et l'amiral Hamelin, chef des forces navales françaises. Dans cette réunion, on convint, avant de déterminer d'une manière définitive le point du débarquement, d'envoyer une commission composée d'officiers généraux de terre et de mer sur le littoral de la Crimée, depuis le cap Chersonèse jusqu'à Eupatoria, pour constater les préparatifs de défense qu'avait pu y faire l'ennemi. Cette commission se composa, du côté des Français, des généraux Canrobert, Martimprey, Thierry, de l'artillerie, Bizot, du génie, du contre-amiral Bouët-Willaumez et des colonels Trochu et Lebœuf; du côté des Anglais étaient les généraux lord Raglan, Burgoyne et Brown, et le contre-amiral Lyons. *Le Primauguet, le Caradoc, l'Agamemnon* et *le Sampson* furent chargés de porter ou d'escorter les membres de la commission.

Le 10, au matin, ces quatre navires atterrirent sur la presqu'île de Chersonèse, où ils trouvèrent un camp assez nombreux. Ils parcoururent lentement et à petite distance tout le littoral compris entre le cap Chersonèse et le cap Loukoul. Rien n'était changé à la situation du port de Sébastopol et des vaisseaux russes depuis la dernière reconnaissance effectuée dans ces parages; seulement, des camps nouveaux et de l'artillerie avaient été établis sur les positions principales de la Chersonèse et des rivières de Katcha et de l'Alma. Les officiers d'état-major n'évaluèrent pas à moins de trente mille le chiffre des troupes campées sur toute cette partie de la côte, qui fut explorée très attentivement et à très-petite distance de terre par la commission.

Les quatre bâtiments, continuant à remonter le littoral depuis l'Alma jusqu'à Eupatoria, remarquèrent vers le milieu de la côte qui sépare ces deux points, une plage située par le parallèle de 45° de latitude, et qui leur parut très-favorable à un débarquement de troupes.

D'après le rapport de la commission, on décida que le débarquement aurait lieu sur cette plage, et tous les détails en furent arrêtés d'avance et réglés avec une précision, pour ainsi dire, mathématique.

La 12 septembre, l'expédition arriva en vue des côtes de Crimée. Dans la nuit du 12 au 13, une violente bourrasque du nord-est vint retarder la marche de quelques-uns des groupes de nos bâtiments de convoi attelés à nos vaisseaux et frégates à vapeur; mais cet incident n'eut pas de suite, et le 13, à midi, l'amiral Hamelin ayant jeté l'ancre à l'entrée de la baie d'Eupatoria, toute l'escadre vint successivement se rallier dans cette baie; pas un bâtiment n'avait fait fausse route.

Les dispositions avaient été prises pour mettre à terre un corps de trois à quatre mille hommes, destiné à enlever la ville dans le cas où il y aurait eu quelque résistance. Le colonel Trochu fut envoyé en parlementaire, et, au bout de quelques instants, il revint annoncer au conseil, rassemblé à bord du vaisseau amiral, qu'il n'avait trouvé dans la place qu'un major avec deux cents soldats malades. La ville avait été mise aussitôt à la disposition des alliés.

En conséquence, il fut immédiatement décidé qu'on lèverait l'ancre à minuit, et qu'on irait débarquer l'armée à quatre lieues plus au sud, à une distance de huit lieues de Sébastopol, sur la plage reconnue deux jours auparavant par la commission.

A une heure, toutes les escadres étaient en marche, la flotte française en tête, les Anglais au centre, les Turcs à l'arrière-garde. A sept heures du matin, le vaisseau amiral *la Ville-de-Paris* jetait l'ancre au poste qui lui était assigné sur la plage, en face de l'endroit appelé Old-Fort (le Vieux-Fort); le reste de l'escadre imita ce mouvement, et dès ce moment chaque vaisseau, chaque frégate déploya une activité extraordinaire pour remplir le rôle qui lui était assigné. Le débarquement commença aussitôt, et s'effectua avec une célérité prodigieuse et presque mathématiquement, comme l'avait prescrit l'ordre. Pas un accident ne vint troubler ou interrompre une opération dont les marins surtout comprennent toute l'importance.

Dans cette première journée, l'escadre mit à terre les trois divisions d'infanterie au grand complet, munies de quatres jours de vivres, leurs bagages et leurs chevaux, les compagnies du génie et tout leur outillage, plus de cinquante pièces d'artillerie accompagnées de tout leur matériel, les chevaux des spahis, les chevaux du maréchal et de l'état-major. Le débarquement fut achevé le lendemain 15.

Pas un seul ennemi ne se montra pour tenter de mettre obstacle à cette opération, ou tout au moins pour la gêner. « Notre débarquement, écrivait le maréchal de Saint-Arnaud au ministre, s'est opéré dans les conditions les plus heureuses, et sans que l'ennemi ait été aperçu. L'impression morale qu'ont reçue les troupes a été excellente, et c'est au cri de *vive l'empereur!* qu'elles ont mis pied à terre et pris possession de leurs bivouacs. »

En même temps, le maréchal adressait à son armée cette proclamation remarquable :

« Soldats, vous cherchez l'ennemi depuis cinq mois. Il est enfin devant vous, et nous allons lui montrer nos aigles. Préparez-vous à subir les fatigues et les privations d'une campagne qui sera difficile, mais courte, et qui élèvera devant l'Europe la réputation de l'armée d'Orient au niveau des plus hautes gloires militaires de l'histoire.

« Vous ne permettrez pas que les soldats des armées alliées, vos compagnons d'armes, vous dépassent en vigueur et en solidité devant l'ennemi, en constance devant les épreuves qui vous attendent.

« Vous vous rappellerez que nous ne faisons pas la guerre aux paisibles habitants de la Crimée, dont les dispositions nous sont favorables, et qui, rassurés par notre excellente discipline, par le respect que nous montrerons pour leur religion, leurs mœurs et leurs personnes, ne tarderont pas à venir à nous.

« Soldats, à ce moment où vous plantez vos drapeaux sur la terre de Crimée, vous êtes l'espoir de la France, dans quelques jours vous en serez l'orgueil. *Vive l'empereur!* »

Un événement immense et presque sans exemple dans les annales militaires venait donc de s'accomplir : une armée formidable était entrée sans coup férir sur le territoire ennemi, qu'on disait défendu par des millions de baïonnettes, sans qu'un seul de ces nombreux défenseurs eût osé se montrer à l'horizon.

Malgré l'enthousiasme des troupes, qui ne demandaient qu'à marcher en avant, le maréchal de Saint-Arnaud voulut leur donner deux jours de repos, rendus nécessaires par les fatigues de la traversée et les travaux du débarquement.

En attendant l'heure qu'il avait fixée pour marcher à l'ennemi, le maréchal faisait mettre à l'abri d'un coup de main la petite ville d'Eupatoria, occupée tout d'abord, comme on l'a vu plus haut, par les Français, les Anglais et les Turcs. Le temps continuait à être très-beau ; et l'armée, si cruellement éprouvée par le choléra avant l'embarquement, était maintenant dans l'état sanitaire le plus satisfaisant.

CHAPITRE VI

Bataille de l'Alma. — Extrait du rapport du maréchal de Saint-Arnaud. — Retraite de l'armée russe. — Le prince Menschikof ferme la passe de la rade de Sébastopol en y faisant couler trois vaisseaux de ligne et deux frégates. — Fausse nouvelle répandue en Europe en même temps que celle de la victoire de l'Alma. — Mort du maréchal de Saint-Arnaud. — Ses adieux à son armée. — Son éloge. — Notice biographique.

Enfin, le 18 septembre au matin, l'armée alliée se mit joyeusement en marche sur Sébastopol, fort peu préoccupée des rencontres qu'elle pourrait faire en chemin. Elle se dirigeait vers la rivière de l'Alma, où les Russes venaient de réunir en hâte toutes leurs forces, et où, sous le commandement du prince Menschikof, ils occupaient un camp retranché. Cette position semblait tellement inexpugnable au général russe, qu'il disait, dans une dépêche à l'empereur Nicolas : « Deux cent mille ennemis et trois mois de combats ne suffiraient pas à me déloger de l'admirable position que j'occupe. » Et dans une autre dépêche, il annonçait qu'il ne tarderait pas à jeter à la mer les ennemis, s'ils avaient l'audace de l'attaquer.

Ces fanfaronnades ne devaient pas tarder à recevoir un éclatant démenti.

L'armée alliée, qui ne s'avançait qu'à petites journées, obligée qu'elle était de faire de longues haltes dans les rares endroits où elle trouvait de l'eau, arriva le 19 au soir à une lieue de l'ennemi. Les Russes s'étaient établis à quelque distance de la mer, sur la rive gauche de l'Alma ; cette rive est escarpée et très-élevée ; c'est la fin de la falaise à pic qui borde la mer, et qui se continue assez avant dans les terres, le long de cette rivière.

« Les Russes, dit le maréchal de Saint-Arnaud dans son rapport adressé à l'empereur, avaient réuni toutes leurs forces, tous leurs moyens, pour s'opposer au passage de l'Alma. Le prince Menschikof les commandait en personne. Toutes les hauteurs étaient garnies de redoutes et de batteries formidables.

« L'armée russe comptait quarante mille baïonnettes venues de tous les points de la Crimée (le matin, il en arrivait encore de Théodosie), six mille chevaux, cent quatre-vingts pièces de canon de campagne ou de position.

« Des hauteurs qu'ils occupaient, les Russes pouvaient nous compter homme par homme, depuis le 19, au moment où nous sommes arrivés sur le Bubbanach.

« Le 20, dès six heures du matin, j'ai fait opérer par la division Bosquet, renforcée de huit bataillons turcs, un mouvement tournant qui enveloppait la gauche des Russes et tournait quelques-unes de leurs batteries.

« Le général Bosquet a manœuvré avec autant d'intelligence que de bravoure. Ce mouvement a décidé du succès de la journée.

« J'avais engagé les Anglais à se prolonger sur leur gauche pour menacer en même temps la droite des Russes pendant que je les occuperais au centre; mais leurs troupes ne purent arriver en ligne qu'à dix heures et demie. Elles ont bravement réparé ce retard. A midi et demi, la ligne de l'armée alliée occupait une étendue de plus d'une grande lieue, arrivait sur l'Alma, et elle était reçue par un feu terrible de tirailleurs.

« Dans ce moment, la tête de la colonne Bosquet paraissait sur les hauteurs. Je donnai le signal de l'attaque générale.

« L'Alma fut traversée au pas de charge. Le prince Napoléon, à la tête de sa division, s'emparait du gros village d'Alma, sous le feu des batteries russes. Le prince s'est montré digne en tout du beau nom qu'il porte. On arrivait en bas des hauteurs sous le feu des batteries ennemies.

« Là a commencé une vraie bataille sur toute la ligne, bataille avec ses épisodes de brillants faits d'armes et de traits de valeur. Votre Majesté peut être fière de ses soldats, ils n'ont pas dégénéré : ce sont des soldats d'Austerlitz et d'Iéna.

« A quatre heures et demie l'armée française était victorieuse partout.

« Toutes les positions avaient été enlevées à la baïonnette au cri de *vive l'empereur*, qui a retenti toute la journée. Jamais je n'ai vu d'enthousiasme semblable; les blessés se soulevaient de terre pour crier. A notre gauche, les Anglais rencontraient de grosses masses et éprouvaient de grandes difficultés; mais tout a été surmonté.

« Les Anglais ont abordé les positions russes dans un

ordre admirable sous le canon, les ont enlevées, et en ont chassé les Russes.

« Lord Raglan est d'une bravoure antique. Au milieu des boulets et des balles, c'est le même calme qui ne l'abandonne jamais.

« Les lignes françaises se formaient sur les hauteurs en débordant la gauche russe, l'artillerie ouvrait son feu. Alors ce ne fut plus une retraite, mais une déroute : les Russes jetaient leurs fusils et leurs sacs pour mieux courir.

« Si j'avais eu de la cavalerie, j'obtenais des résultats immenses, et Menschikof n'aurait plus d'armée ; mais il était tard, nos troupes étaient harassées, les munitions d'artillerie s'épuisaient ; nous avons campé à six heures du soir sur le bivouac même des Russes.

« Ma tente est sur l'emplacement même de celle qu'occupait le matin le prince Menschikof, qui se croyait si sûr de nous arrêter et de nous battre, qu'il avait laissé sa voiture. Je l'ai prise avec son portefeuille et sa correspondance ; je profiterai des renseignements précieux que j'y trouve.

« L'armée russe aura pu probablement se rallier à deux lieues d'ici, et je la trouverai demain sur le Katcha, mais battue et démoralisée, tandis que l'armée alliée est pleine d'ardeur et d'élan. Il m'a fallu rester ici aujourd'hui pour évacuer nos blessés sur Constantinople, et reprendre à bord de la flotte des munitions et des vivres.

« Les Anglais ont eu quinze cents hommes hors de combat. Le duc de Cambridge se porte bien ; sa division et celle de sir J. Brown ont été superbes. Moi, j'ai à regretter environ douze cents hommes hors de combat : trois officiers tués, cinquante-quatre blessés, deux cent cinquante-trois sous-officiers ou soldats tués, mille trente-trois blessés.

« Le général Canrobert, auquel revient en partie l'honneur de la journée, a été blessé légèrement par un éclat d'obus qui l'a atteint à la poitrine et à la main; il va très-bien. Le général Thomas, de la division du prince, a reçu une balle dans le bas-ventre, blessure grave. Les Russes ont perdu environ cinq mille hommes. Le champ de bataille est jonché de leurs morts, nos ambulances sont pleines de leurs blessés. Nous avons compté une proportion de sept cadavres russes pour un cadavre français.

« Leur artillerie nous a fait du mal; mais la nôtre lui est bien supérieure. Je regretterai toute ma vie de ne pas avoir eu seulement mes deux régiments de chasseurs d'Afrique. Les zouaves se sont fait admirer des deux armées; ce sont les premiers soldats du monde. »

L'armée russe ne s'arrêta ni sur la Katcha, ni sur le Belbech, comme s'y attendait le maréchal, quoiqu'elle eût pu s'établir sur ces deux points dans des positions formidables; mais elle s'empressa de regagner Sébastopol, ne trouvant de sûreté qu'à l'abri de ses remparts et de la formidable artillerie qui les défendait. En même temps, le prince Menschikof faisait fermer la passe qui donne entrée à la rade de Sébastopol en y coulant trois vaisseaux de ligne et deux frégates. Le général russe avait compris qu'il était désormais inutile de tenir la campagne pour empêcher les alliés d'approcher de cette ville; c'eût été faire détruire son armée en détail, et il n'avait pas trop de toutes ses forces pour défendre le principal boulevard de l'empire dans l'Orient.

Au moment où arriva en France la dépêche télégraphique annonçant la brillante victoire de l'Alma, une autre nouvelle, qui n'avait point de caractère officiel, se répandit dans toute l'Europe avec une prodigieuse rapidité. On disait qu'à la suite de la bataille de l'Alma, Sébastopol était tombé entre les mains des alliés avec ses canons, son arsenal, ses immenses approvisionnements, la flotte enfermée dans son port ; et que la garnison, laissée libre de se retirer, avait préféré demeurer prisonnière. Cette nouvelle, arrivée de différents côtés, était parvenue au ministère des affaires étrangères d'Autriche par une voie qui lui paraissait tellement sûre, que ce ministre, M. de Buol, s'empressa de la communiquer à notre ambassadeur à Vienne, qui la transmit à Paris. En vain les hommes graves, et surtout les hommes du métier, trouvaient cet événement incroyable ; ils faisaient remarquer que les Russes, malgré leur déroute de l'Alma, avaient sauvé toute leur artillerie ; que s'ils n'avaient pas pris position à la Katcha ou au Belbeck, c'est qu'ils étaient résolus à se défendre dans Sébastopol ; qu'une défaite, que plusieurs défaites même, n'avaient pas pour effet habituel de les abattre, et que, fussent-ils vaincus dix fois de suite, ils montraient à la dernière bataille comme à la première le même courage et la même énergie ; qu'enfin une ville comme Sébastopol ne pouvait être enlevée par un coup de main, et qu'il était absurde de croire qu'une armée russe tout entière se fût rendue avec si peu de résistance.

Mais, malgré ces réflexions, la nouvelle paraissait venir de source si authentique, elle répondait si bien au vœu général, qu'elle fut accueillie partout comme une suite merveilleuse de l'heureuse chance avec laquelle notre armée avait opéré en Crimée un débarquement des plus difficiles ; et délogé de positions réputées inexpugnables une force de cinquante mille hommes appuyée par une formidable artillerie. A Constantinople, à Marseille, à Lyon, à Londres on illumina, on tira le canon. A Paris l'émotion n'était pas moins vive ; pendant plusieurs jours nous avons vu les canonniers des Invalides rester mèche allumée près de leur pièces, attendant l'ordre d'y mettre le feu. Cet ordre ne vint pas. Au lieu d'une dépêche officielle qu'on attendait pour confirmer la grande nouvelle, on apprit que l'Europe entière avait été dupe d'une grande mystification, dont l'auteur est resté inconnu ; au lieu d'un nouveau triomphe, le télégraphe nous annonça une nouvelle funèbre, la mort du maréchal de Saint-Arnaud, du vainqueur de l'Alma.

Une dépêche que le maréchal écrivait au ministre de la guerre deux jours après la bataille, avait fait concevoir déjà de vives inquiétudes, mais sans laisser encore présager un malheur si prochain. Après avoir donné au ministre quelques nouveaux détails sur la bataille et ses suites, il terminait sa lettre par ces mots : « Ma santé est toujours « la même : elle se soutient entre les souffrances, les « crises et le devoir. Tout cela ne m'empêche pas de « rester douze heures à cheval les jours de bataille... Mais « les forces ne me trahiront-elles pas? »

Elles le trahirent en effet. Le 25 septembre, son état empira considérablement ; deux jours plus tard il était désespéré. Il remit au général Canrobert le commandement de l'armée, et adressa à ses soldats ces adieux touchants :

« Soldats, la Providence refuse à votre chef la satisfaction de continuer à vous conduire dans la voie glorieuse qui s'ouvre devant vous. Vaincu par une cruelle maladie, contre laquelle il a lutté vainement, il envisage avec une profonde douleur, mais il saura remplir l'impérieux devoir que les circonstances lui imposent, celui de résigner le commandement dont une santé à jamais détruite ne lui permet plus de supporter le poids.

« Soldats, vous me plaindrez ; car le malheur qui me frappe est immense, irréparable, et peut-être sans exemple.

« Je remets le commandement au général Canrobert, que, dans sa prévoyante sollicitude pour cette armée et pour les grands intérêts qu'elle représente, l'empereur a investi des pouvoirs nécessaires par une lettre close que j'ai sous les yeux. C'est un adoucissement à ma douleur que d'avoir à déposer en de si dignes mains le drapeau que la France m'a confié.

« Vous entourerez de votre respect, de votre confiance, cet officier général, auquel une brillante carrière et l'éclat des services rendus ont valu la notoriété la plus honorable dans le pays et dans l'armée. Il continuera la victoire de l'Alma, et aura le bonheur, que j'avais rêvé pour moi-même et que je lui envie, de vous conduire à Sébastopol. »

Le 27 septembre, le maréchal de Saint-Arnaud s'embarqua sur *le Berthollet;* le 29, il succomba pendant la traversée, et le navire ne rapporta en France que le cadavre du héros de l'Alma. Nous ne saurions mieux exprimer l'impression que produisit ce triste événement qu'en reproduisant l'article que publia à ce sujet un journal religieux :

« Une profonde affliction vient se mêler à la joie que répandent les glorieuses nouvelles de la Crimée. Dieu a pris une grande victime. Le héros de cette glorieuse campagne a cessé de vivre. Les navires qui nous apportaient ces bulletins si vaillants et si pleins d'une ardeur guerrière, sont suivis de celui qui nous ramène son corps inanimé. Il décrivait la bataille comme il l'avait gagnée, du même souffle ardent et puissant, et c'était son dernier soupir. On le savait malade, affaibli, miné par de cruelles souffrances ; mais qui eût pensé que la mort était là, si près, et qu'un homme pût à ce point la voir et l'oublier, ou plutôt lui commander d'attendre ?

« Il calculait ses approches, il sentait ses étreintes ; à force de volonté il lui arrachait quelques jours, quelques heures. Quels jours et quelles heures ! Les jours de l'arrivée en Crimée ; les heures de la bataille de l'Alma ! C'est au dernier terme d'une maladie de langueur, lorsque la vie fuyait de ce corps épuisé et secoué par des crises terribles, comme l'eau fuit d'une main tremblante, qu'il en bravait les périls, qu'il en surmontait les obstacles, qu'il plantait son drapeau sur le sol ennemi, qu'il restait douze heures à cheval, qu'il donnait à la France une victoire, qu'il dictait ces ordres du jour et ces rapports aussi beaux que son triomphe, qu'il investissait Sébastopol, qu'il disait à ses soldats : « Vous y serez bientôt ! »

« Il s'arrête là, aux portes de Sébastopol investi, au milieu de l'ennemi défait, comme s'il avait dit à la mort : « Maintenant tu peux venir. »

« Une immense admiration tempère la douleur publique. On regrette le maréchal, on ne peut le plaindre. Cette fin est si belle après ce mâle combat contre la mort présente et inévitable, après ce grand service rendu à la civilisation, après ces récits héroïques! Il meurt sous les regards du monde, frappant un de ces coups d'épée qui comptent dans la vie des empires ; trois nations inclinent sur sa tombe leurs drapeaux reconnaissants ; et une quatrième, qui croyait, la veille encore, dominer toutes les autres, se souviendra de lui au jour qui marque le déclin de ses destinées. Entre la Turquie qui se relève pour affranchir l'Église, et la Russie qui s'écroule pour la délivrer, sur ces flots qui furent aussi son champ de bataille et dont les caprices terribles n'ont pas étonné son courage, il meurt dans un des plus vastes linceuls où la victoire ait enveloppé ses favoris.

« C'est assez pour la gloire humaine, et ceux qui n'en connaissent et n'en désirent point d'autre, peuvent trouver que le maréchal de Saint-Arnaud a été comblé.

« Mais son âme était plus grande et ses désirs plus hauts, et, en le retirant pour quelques heures des soucis du commandement et du bruit des armes, la Providence lui a donné ce que sans doute il lui demandait : le temps d'humilier son cœur.

« Ce grand général était un humble et fervent chrétien. L'empire étant proclamé et établi, Saint-Arnaud, maréchal de France, ministre, grand écuyer de l'empereur, au faîte et dans l'enivrement de toutes les prospérités, se tourna vers Dieu, non pour obtenir la santé, mais pour mourir en chrétien.

« Il avait une de ces natures sincères et franches qui ne fuient pas la vérité lorsqu'elles la voient, et qui ne craignent pas de la suivre. C'était durant son séjour à Hyères. Il fit venir chez lui le digne curé de cette ville, et, sans chercher de circonlocutions ni de détours devant tous ceux qui étaient là, il lui dit simplement qu'il voulait se confesser. Le bon prêtre, surpris, tombe à genoux et rend grâces à Dieu, qui daigne aussi parler au cœur des puissants du monde. Le maréchal, trop malade encore pour quitter sa chambre, fit ses pâques chez lui, sans mystère, en présence de ses officiers, de toute sa maison, faisant venir jusqu'au soldat qui était de planton à sa porte.

« Tel il avait été dans cette première occasion, tel il continua d'être. Guéri contre toute attente, rendu aux affaires, il ne négligea plus ses devoirs de chrétien ; il les remplit comme il faut les remplir dans ces hautes situations où l'homme a, de plus que le commun des fidèles, le devoir de l'exemple.

« Lorsque l'expédition d'Orient fut décidée, et que l'empereur lui en eut donné le commandement, sa première pensée fut pour l'âme de ses soldats. On ne lira pas sans émotion la lettre suivante, écrite par lui à un illustre religieux, son ami, qui avait cru devoir lui adresser quelques recommandations à ce sujet.

« Paris, 6 mars 1854.

« Mon Révérend Père,

« Comment avez-vous pu penser un instant que je négligerais d'entourer les braves soldats de l'armée d'Orient de tous les secours et de toutes les consolations de la religion ?

« L'aumônerie de l'armée est formée. Je me suis entendu avec le digne abbé Coquereau, qui a mis sur un pied si respectable l'aumônerie de la flotte. Il y a un aumônier par division, par hôpital, et deux aumôniers en chef au quartier général.

« Je suis débordé par la besogne, et je soigne ma santé pour pouvoir faire vigoureusement la guerre aux Russes. J'aurai bien besoin de vos prières, mon Père; sans l'aide de Dieu on ne fait rien, et je mets ma confiance dans sa miséricorde et dans la protection qu'il accorde à la France. Je compte avant mon départ remplir mes devoirs de chrétien..... »

« Ces sentiments éclatent avec la même force dans une lettre écrite de Marseille le 25 avril :

« J'arrive de Toulon, où j'ai vu avec bien du plaisir le respectable curé doyen d'Hyères. Nous avons longtemps et sérieusement causé. Il m'a aussi promis ses prières. Vous êtes assez bon pour me promettre les vôtres. Tous ces vœux ne peuvent manquer d'être agréables à Dieu, que je prie moi-même avec tant de foi et de ferveur. Je pars avec une confiance entière. Il est impossible que Dieu ne protége pas la France dans une circonstance aussi grave et aussi solennelle.

« Je suis convaincu que tout le monde fera son devoir, plus même que son devoir, et nous combattrons pour une cause juste.

« Espérons donc, mon Révérend Père, et donnez-moi votre bénédiction. »

« Citons encore une de ces admirables lettres où l'homme de guerre et le chrétien paraît tout entier dans sa simplicité et dans sa grandeur. Elle est datée « du quartier général d'Old-Fort (Crimée), le 18 septembre 1854, » deux jours avant sa victoire de l'Alma, dix jours avant sa mort.

« J'ai reçu ce matin même votre bonne lettre, datée du 20 août, et je ne perds pas un instant pour vous remercier de vos vœux chrétiens et de vos prières. Elles ont été écoutées du Très-Haut!... Depuis le 14, je suis débarqué heureusement en Crimée avec toute l'armée, qui est superbe et dans les meilleures dispositions. Le débarquement s'est fait aux cris répétés de *vive l'empereur*, et c'est à ce même cri que nous briserons demain les colonnes russes qui nous attendent à l'Alma, et qui ne m'empêcheront pas de m'établir sous Sébastopol le 22 ou le 23 au plus tard.

« Je presse les opérations autant que possible, car ma santé est bien mauvaise, et je prie Dieu de me donner des forces jusqu'au bout.....

« Adieu, mon révérend Père, priez pour nous, et croyez à mes sentiments de respectueuse affection.

« Maréchal A. de Saint-Arnaud (1). »

Nous terminerons ces détails par une courte notice biographique sur l'illustre maréchal :

Armand-Jacques Leroy de Saint-Arnaud naquit à Paris le 20 août 1796. Sa famille appartenait à la meilleure noblesse, et lorsqu'en 1815 on réorganisa les gardes du corps, Armand de Saint-Arnaud, qui de bonne heure avait manifesté des goûts militaires, fut, malgré son jeune âge,

(1) *Univers religieux*, octobre 1854.

admis à faire partie de la première compagnie, commandée par le duc de Grammont.

A l'époque de l'organisation des légions départementales, Leroy de Saint-Arnaud, qui préférait le service actif à celui de garde du corps, sollicita et obtint d'entrer comme sous-lieutenant dans la légion de la Corse. Bientôt il passa dans celle des Bouches-du-Rhône; puis, les légions ayant été supprimées pour reformer les régiments, il entra dans le 49me de ligne. Quelque temps après il donna sa démission, et resta dans la vie civile. Au mois de février 1831, il reprit du service, et fut admis, avec son ancien grade de sous-lieutenant, dans le 64me de ligne; au mois de décembre suivant il fut nommé lieutenant dans le même régiment.

Lorsqu'on forma la légion étrangère, destinée à opérer en Afrique, il obtint de servir dans ce corps, et ne tarda pas à s'y signaler par de brillants faits d'armes, qui lui valurent le grade de capitaine.

En 1837, M. de Saint-Arnaud se fit remarquer au siége de Constantine par son élan et son mâle courage; à la suite de cette affaire il fut décoré de la croix de la Légion d'honneur.

Après les deux campagnes de 1840 contre les forces d'Abd-el-Kader, M. de Saint-Arnaud fut nommé chef de bataillon dans le 18me régiment d'infanterie légère. Dès lors il ambitionna de passer avec son grade dans les zouaves, ces enfants perdus, toujours les premiers au feu, escaladant gaiement les rochers les plus abrupts pour se mesurer corps à corps avec les Arabes ou les montagnards indomptés de la Kabylie. Cette satisfaction lui fut accordée le 25 mars 1841, et un an après, jour pour jour, sa belle conduite lui valut le grade de lieutenant-colonel dans le 53me de ligne. A la suite du combat de Dellys, il fut mis, pour son intrépidité, à l'ordre du jour de l'armée.

Nommé colonel du 32me de ligne le 2 octobre 1844, et du 53me le 29 du même mois, il fut chargé d'une expédition contre le fameux Bou-Maza, qui avait soulevé les Beni-Mzab, la tribu la plus sauvage de la Kabylie. Le colonel de Saint-Arnaud soumit ces tribus indomptées, et poursuivit avec tant d'ardeur l'imposteur Bou-Maza, qu'on cessa d'en entendre parler.

A la suite de cette expédition, le colonel de Saint-Arnaud fut nommé commandant de la subdivision d'Orléansville. Une nuit qu'il veillait dans sa tente, occupé d'un travail militaire, il voit se mouvoir près de lui une ombre. Il regarde, et reconnaît un Arabe enveloppé d'un mauvais burnous dont un pan lui cachait la figure. « Qui es-tu ? » lui dit le colonel. L'homme se découvrit, et montra le visage de Bou-Maza. « Allah le veut, dit-il; les chrétiens l'emportent ! Je renonce à la guerre, et je suis venu me rendre à toi, parce que tu es celui contre lequel j'ai le plus combattu, et que je te connais pour un ennemi loyal. Je n'ai voulu que personne mît la main sur moi; c'est pourquoi j'ai traversé en rampant ton armée. Si j'avais été un lâche, ta vie, tout à l'heure, était entre mes mains. »

La soumission du courageux Kabyle fut reçue avec l'intérêt que commandait sa noble confiance, et l'on sait que, pendant son séjour à Paris, Bou-Maza fut l'objet des plus grandes attentions. En apprenant la déclaration de guerre contre la Russie, Bou-Maza a sollicité de celui à qui il s'était autrefois rendu prisonnier la permission de combattre contre les ennemis de la France et de la Turquie.

Cette autorisation lui a été accordée, et Bou-Maza a été incorporé dans l'armée turque.

La soumission de Bou-Maza avait amené la pacification de toute la subdivision d'Orléansville. Pour récompenser des services si divers et si multipliés, Louis-Philippe nomma le colonel de Saint-Arnaud commandeur de la Légion d'honneur; le 3 novembre 1847, il fut élevé au grade de maréchal de camp. Appelé ensuite au commandement de la subdivision de Mostaganem, puis au commandement de la subdivision d'Alger, nous le retrouvons, en 1850, chef de la province de Constantine au moment du soulèvement de Zaatcha, qui fut le prélude de l'expédition de 1851, dans laquelle notre brave général soumit, en quatre-vingt-dix jours et après vingt-six combats, tout le pays kabyle.

Ce fut la dernière campagne de M. de Saint-Arnaud sur la terre d'Afrique; le président de la république, connaissant depuis longtemps les talents administratifs du général, le nomma général de division et l'appela aux fonctions éminentes de ministre de la guerre, après lui avoir confié pendant deux mois le commandement de la deuxième division de l'armée de Paris.

A la tribune nationale, M. de Saint-Arnaud n'usa pas ses forces dans de longues polémiques; la concision de son langage frappait l'assemblée. Dans ce moment critique les intérêts du pays étaient en péril; 1852 approchait : quand vint le grand jour du 2 décembre, le prince Louis-Napoléon trouva dans son ministre une main vigoureuse et fidèle qui l'aida à sauver la nation.

Nommé maréchal de France en 1852, M. Leroy de Saint-Arnaud a été successivement promu aux dignités de sénateur, de grand écuyer, et de grand'croix de la Légion d'honneur en 1853.

Son ministère a été marqué par de nombreuses améliorations ; nous citerons seulement les suivantes : 1° l'amélioration du pain du soldat ; 2° l'augmentation de la solde des sous-officiers ; 3° la création d'une section de cavalerie à l'école Impériale spéciale militaire ; 4° la formation du régiment des guides et de deux nouveaux régiments de zouaves ; 5° la création de dix nouveaux bataillons de chasseurs à pied, et celle d'un régiment de tirailleurs algériens ; 6° enfin, la création de l'aumônerie de l'armée d'Orient.

En 1854, le maréchal de Saint-Arnaud quitta le ministère de la guerre pour aller prendre le commandement de l'armée d'Orient. Nous avons dit plus haut comment la mort le frappa au milieu de son armée victorieuse.

CHAPITRE VII

Le général Canrobert remplace le maréchal de Saint-Arnaud dans le commandement de l'armée. — L'armée se met en route pour Sébastopol. — L'attaque de cette ville est résolue du côté du midi. — Pourquoi. — Règlement des dispositions du siége. — L'armée française chargée des attaques de gauche, et l'armée anglaise des attaques de droite de la place. — L'armée française divisée en deux corps, l'un d'observation, l'autre chargé des travaux de siége. — Difficultés et proportions extraordinaires que présentait ce siége. — On tire des pièces d'artillerie de la flotte. — Ouverture de la tranchée. — Premier bombardement du 17 octobre. — Les flottes y prennent part. — Accident arrivé sur *la Ville-de-Paris*. — Insuccès de ce premier bombardement. — Ouverture de nouvelles tranchées. — Combat de Balaclava. — Pertes éprouvées par la cavalerie légère anglaise. — Sortie repoussée. — Bombardement du 1er novembre. — Peu d'effets qu'il produit. — Bataille d'Inkerman. — Plan des Russes. — Détails de la bataille. — Les Russes sont mis en déroute. — Sortie du côté du bastion de la Quarantaine. — Mort du général de Lourmel.

L'armée fut douloureusement émue en apprenant la mort de son chef; mais son courage n'en fut pas ébranlé. Le choix de son successeur fut accueilli avec enthousiasme par les troupes, qui connaissaient l'indomptable énergie, le brillant courage et la science stratégique du général Canrobert, mûri de bonne heure sur cette terre d'Afrique, pépinière de tant de héros.

Après deux jours d'un repos nécessaire et bien acquis, l'armée se mit en route, sous le commandement de son nouveau chef, dans la direction de Sébastopol.

Dans le principe, l'intention du maréchal de Saint-Arnaud avait été d'attaquer cette ville du côté du nord, en s'emparant de vive force du fort Constantin et des batteries situées au nord de la rade. Ces batteries enlevées, les flottes alliées seraient alors entrées dans la rade en brisant les estacades; elles auraient achevé l'œuvre de l'armée en attaquant les batteries du sud, et auraient offert un concours assuré et utile à cette armée, quels que fussent le temps et la saison, dans le port même de Sébastopol.

Mais le barrage de l'entrée de la rade par la submersion des navires de guerre russes changea tout à fait la face des choses, et força les généraux à changer aussi leur plan d'attaque. Ils se décidèrent à tourner Sébastopol par l'est, et à se jeter dans le sud de la ville pour l'attaquer de ce côté, espérant le trouver moins pourvu de défense, et y trouver les facilités de se mettre en communication avec leurs flottes par Balaclava et la baie de Kamiesch.

Ce mouvement stratégique s'effectua dans les journées des 24, 25 et 26. Les armées, après avoir passé le Belbeck à quelques milles au-dessus de son embouchure, rabattirent ensuite sur la vallée d'Inkerman, l'armée française servant de pivot à l'extrême droite, et par suite observant les plateaux du sud et du sud-est de Sébastopol, à petite distance, dans ce mouvement tournant, pendant que l'armée anglaise, à l'extrême gauche, venait aboutir aux hauteurs de Balaclava, où elle parut le 26 au matin. L'armée française s'y rallia le lendemain matin, 27.

Le 1ᵉʳ octobre furent réglées d'une manière définitive les dispositions du siége. L'armée française fut chargée de la gauche, et l'armée anglaise de la droite des attaques contre la place. L'armée française fut divisée en deux corps : l'un d'observation, composé des première et deuxième divisions, et commandé par le général Bosquet, occupa les positions dominant les vallées de Balaclava et de la Tchernaïa ; il se reliait par sa gauche près d'Inkerman aux Anglais, et était destiné à protéger les opérations du siége contre les entreprises d'une armée de secours venant de l'intérieur de la Crimée.

L'autre corps, formé des troisième et quatrième divisions, sous les ordres du général Forey, fut spécialement chargé des travaux du siége. La division turque était destinée à servir de réserve, selon le cas, à l'un ou à l'autre de ces deux corps. La quatrième division devant s'éloigner de la baie de Kamiesch pour prendre ses positions de siége, quatre bataillons appartenant aux première, deuxième et troisième divisions françaises et à la division turque, furent placés autour de cette baie pour assurer au besoin la sécurité des débarquements, et pour fournir le service et les corvées nécessaires. Le lieutenant-colonel d'état-major Raoult fut chargé du commandement de ces bataillons.

L'armée anglaise opéra son mouvement de concentration vers la droite pour prendre sa position définitive ; elle appuya sa gauche, formée de la division England, au grand ravin de Sébastopol, séparant les deux attaques française et anglaise, et sa droite, formée de la division Lacy-Evans, aux escarpements d'Inkerman. Le centre se composait des divisions Cathcart et duc de Cambridge, ayant en avant d'elles la division légère Georges Brown, et en arrière les grands parcs de l'artillerie et du génie et un peu de cavalerie.

Ces premières dispositions prises, on s'occupa activement de débarquer le matériel de siége, et de former les parcs d'artillerie et du génie, en même temps que des reconnaissances étaient envoyées de différents côtés pour s'assurer de l'état de la place et en apprécier les moyens de défense.

Un siége est toujours une des plus importantes opérations de guerre; mais ici cette opération prenait des proportions gigantesques, et présentait toutes les difficultés que l'art et la nature pouvaient réunir pour la rendre la plus laborieuse qui se soit jamais rencontrée.

D'abord, impossibilité d'investir la place du côté du nord, ce qui donnait aux assiégés la faculté de recevoir à volonté des renforts et des munitions de guerre et de bouche; puis la nature du sol sur lequel devait opérer l'armée assiégeante, et qui ne présente presque partout qu'un roc vif, dans lequel on ne pouvait ouvrir la tranchée qu'avec des difficultés extrêmes. A ces obstacles naturels il faut ajouter des fortifications d'une immense étendue, garnies d'une artillerie formidable, bien supérieure pour le calibre et la portée des pièces à celle que les assiégeants pouvaient opposer. Ce n'est qu'après la prise de Sébastopol que nos généraux ont pu se rendre compte des immenses ressources que cette place possédait en ce genre, puisque après onze mois de siége, pendant lesquels une quantité considérable de ces bouches à feu ont été détruites, soit par notre feu, soit par les Russes eux-mêmes, on en a encore trouvé quatre mille, dont plus de moitié étaient en bon état. Toute l'artillerie des vaisseaux coulés dans la passe avait été transportée sur les remparts, et était servie par les marins de ces mêmes bâtiments.

Le plus souvent, dans les siéges ordinaires, on connaît les abords de la place, on a des plans des ouvrages, et l'on n'en ignore ni les côtés forts ni les côtés faibles; alors on peut combiner le plan d'attaque. Mais ici rien de semblable; on croyait même le côté sud de Sébastopol beaucoup moins fortifié qu'il ne l'était en effet. Il fallut donc procéder en tâtonnant, et s'assurer, à l'aide de reconnaissances fréquentes, du véritable état des choses. Dès qu'il fut démontré que la place avait un armement formidable, composé de pièces de très-fort calibre et de grande portée, il fut décidé que l'escadre française débarquerait, pour prendre part aux opérations du siége, trente bouches à feu, dont vingt canons de trente et dix obusiers de vingt-deux centimètres, ainsi que trente fuséens d'artillerie de marine. Quinze cents marins furent mis à terre pour le service de ces pièces. Ainsi les marins russes, n'ayant pas osé se mesurer avec les nôtres sur mer, allaient les retrouver sur terre, se combattant les uns les autres sur un élément qui leur était étranger.

Après huit jours consacrés en préparatifs indispensables et souvent interrompus par des sorties de l'ennemi, toujours heureusement repoussées, la tranchée fut ouverte dans la nuit du 9 au 10 octobre. « Nous devions, dit le général Canrobert dans son rapport, nous attendre à ce que ce travail, dont la préparation n'avait pu être entièrement dérobée à l'ennemi, nous serait vivement disputé.

« Il n'en a rien été. Favorisée par un vent très-violent du nord-est, l'ouverture de la tranchée s'est faite dès la

première nuit sur un développement d'environ mille mètres, sans que nos travailleurs fussent inquiétés..... Pendant toute la journée du 10 et la nuit suivante, le feu de la place a été très-vif. Mal dirigé d'abord, il n'a pas tardé à devenir plus précis ; mais nos travailleurs étaient déjà à couvert et nos communications dérobées aux vues directes de la place. Le travail s'est continué le 11 et le 12 sans incident qui mérite d'être signalé. Nos pertes se réduisent à une trentaine d'hommes tués ou blessés..... »
Le général Canrobert termine son rapport par ces lignes : « L'inaction du prince Menschikof est toujours complète. Il attend ses renforts. »

Tel fut le début de ce siége, qui pendant une durée de onze mois devait être marqué à chaque journée, presque à chaque instant, par d'héroïques combats et des efforts surhumains.

Dès le 14 octobre, les tranchées et les batteries étaient complètes. Le 17, à six heures et demie du matin, à un signal convenu, toutes les batteries françaises et anglaises ouvrirent simultanément le feu contre la place : cinquante-trois pièces du côté des Français, et soixante-treize du côté des Anglais, en tout cent-vingt-six. La place y répondit aussitôt très-vivement de toutes les batteries ayant des vues sur les deux attaques. Nos officiers d'artillerie jugèrent, par l'intensité du feu qui nous répondait et des points divers d'où il partait, qu'il était entretenu par deux cent cinquante bouches à feu au moins.

Pendant trois heures, le feu continua avec la même vivacité de part et d'autre, lorsqu'à neuf heures et demie, une bombe tomba sur le magasin de la batterie n° 4, et le fit sauter. Cette explosion désorganisa la batterie, tua ou blessa cinquante hommes. Les ennemis profitèrent de cet accident pour multiplier leurs feux sur les batteries voisines de celle qui avait souffert de l'explosion, et le général Canrobert se vit dans la nécessité de suspendre notre feu pour réparer les désordres produits dans nos tranchées. Le tir des Anglais continua, mais sans avantage ni désavantage marqué.

Pendant que notre artillerie cessait son feu du côté de la terre, les flottes alliées attaquaient les batteries extérieures de la place. Elles devaient engager le combat en même temps que l'armée de terre; mais le calme qui régnait ne permit pas aux navires à voiles d'arriver en ligne à l'heure indiquée; il fallut les remorquer à l'aide des frégates à vapeur, ce qui ne leur permit d'ouvrir le feu que vers dix heures et demie. Les Russes ripostèrent vivement à l'attaque de nos vaisseaux; mais vers deux heures et demie leur feu se ralentit; il était même éteint dans la batterie de la Quarantaine; le nôtre redoubla, et dura sans interruption jusqu'à la nuit.

Au plus fort du combat, une bombe ennemie tomba sur la dunette du vaisseau *la Ville-de-Paris,* que montait l'amiral Hamelin, et pénétra dans l'intérieur, où elle éclata. L'explosion souleva le plancher de l'arrière, qui fut détruit dans sa plus grande partie. L'amiral, ses officiers et plusieurs hommes furent lancés en l'air. L'amiral retomba sain et sauf; mais son aide de camp, M. Sommeiller, fut tué, ainsi qu'un autre officier, M. de Labourdonnaye; trois autres officiers furent blessés. L'amiral ne parut pas se ressentir de cette rude secousse; il ramassa son chapeau, reprit sa longue-vue, et continua à donner des ordres comme s'il ne lui était rien arrivé.

Jamais les échos de la presqu'île de Chersonèse n'avaient retenti d'un aussi épouvantable vacarme que celui du bombardement du 17 octobre. Pour en donner une idée, nous citerons ce fait qu'à Balaclava, éloignée de cinquante kilomètres, un grand nombre de vitres furent brisées par l'effet des explosions. Pendant la nuit, la pluie de boulets rouges, de fusées et d'obus, reflétée au loin dans la mer, offrait l'image de l'éruption d'un volcan. Près des remparts, la terre tremblait comme un drap qu'on secoue, et les boulets sifflaient en l'air comme des volées d'oiseaux de proie. Et cependant cette formidable attaque fut loin d'amener les résultats qu'on en avait attendus. « La place a mieux soutenu le feu qu'on ne le croyait, » dit dans son rapport le général Canrobert.

En effet, si l'attaque du 17 octobre n'était pas un échec, ce n'était pas non plus un succès. Le seul résultat positif qu'on en obtint, ce fut de constater que notre artillerie était insuffisante, et que, même en augmentant le nombre et le calibre des pièces, il fallait les rapprocher considérablement de la place pour leur faire produire tout leur effet. Une pareille entreprise, à la veille de l'hiver, quand les dangers de la navigation allaient rendre extrêmement difficiles les moyens de ravitaillement, eût effrayé des âmes moins bien trempées que celles de nos généraux et de nos soldats. Mais les vainqueurs de l'Alma pouvaient-ils hésiter? Ils virent toute la grandeur, toutes les difficultés de leur tâche, et se mirent aussitôt et sans relâche en devoir de l'accomplir.

Dès le lendemain du bombardement, les travaux de siége recommencèrent avec activité. De nouvelles tranchées furent ouvertes, afin d'établir de nouvelles parallèles et des batteries plus rapprochées. « Ces batteries, écrivait le général Canrobert, sont assises sur le roc, et c'est à coups de pétards et à force de sacs à terre, et par toutes sortes de moyens pénibles et fatigants, que nous procédons. Évidemment ce siége fera époque parmi les plus laborieux. »

Pendant que ces travaux s'exécutaient, des renforts étaient arrivés aux Russes, et ils résolurent de faire une forte diversion au siége en attaquant les troupes alliées. Le 25 octobre eut lieu une affaire importante, dont le général Canrobert rend compte en ces termes :

« Dans la matinée du 25, à la pointe du jour, les collines situées à deux mille cinq cents mètres du port (de Balaclava) et défendues seulement par quelques ouvrages très-incomplets, occupés chacun par cent à cent cinquante Turcs et armés de quelques pièces de canon, furent envahies par des forces considérables, qui s'en emparèrent après avoir chassé les Turcs.

« Aussitôt lord Raglan et moi nous nous portâmes sur les hauteurs qui bordent la vallée de Balaclava et forment la limite extrême de notre position défensive pendant le siége. L'ennemi occupait les collines dont je viens de parler ; ses masses couvraient les hauteurs boisées qui en forment le fond du côté de la Tchernaïa ; il montrait une vingtaine de mille hommes, et le reste devait se tenir caché dans les ravins et les broussailles. Son intention évidente, celle qu'il aura toujours, était de nous faire descendre jusqu'à lui en quittant nos excellentes positions. Je me suis contenté de réunir, sur la demande de lord Raglan, ma cavalerie à la cavalerie anglaise, qui se tenait dans la plaine en avant de Balaclava, et avait déjà fourni contre la cavalerie russe une charge très-brillante.

« En outre, pendant que lord Raglan établissait deux divisions d'infanterie en avant du port, je faisais descendre au pied des premières pentes tout ce que j'avais de disponible de ma première division.

« Les choses en étaient là, et le jour était déjà avancé, lorsque la cavalerie légère anglaise, sept cents chevaux environ, se laissant aller à trop d'ardeur, chargea vigoureusement le gros de l'armée russe.

« Cette charge impétueuse, exécutée sous le feu croisé de la mousqueterie et de l'artillerie, produisit d'abord un très-grand désordre dans les rangs ennemis. Mais cette troupe, emportée trop loin de nous, éprouva des pertes sensibles. Après avoir sabré les canonniers de deux batteries, elle dut revenir, affaiblie de cent cinquante hommes.

« Pendant ce temps, ma brigade de chasseurs d'Afrique, qui tenait dans la plaine la gauche de l'armée anglaise, voulut lui venir en aide ; elle y parvint par une manœuvre hardie qui a été fort remarquée, et qui consistait à attaquer sur la gauche une batterie d'artillerie et quelques bataillons qu'elle a forcés à la retraite, et dont le feu sur les Anglais était meurtrier. Nous avons perdu là une vingtaine d'hommes blessés et tués, dont deux officiers. La perte de l'ennemi de ce côté a été assez importante, et il a laissé nos chasseurs opérer leur retraite en bon ordre sans l'inquiéter. La nuit est venue mettre fin à ce combat. »

Dans cette journée, les Anglais avaient fait des pertes plus considérables que ne l'indiquait le rapport du général

Canrobert. La cavalerie légère avait été réduite à deux cents hommes à peine ; trente-quatre officiers avaient été mis hors de combat ; le 17me lanciers avait été presque complétement anéanti. Les pertes des Turcs avaient été énormes ; les nôtres avaient été insignifiantes, n'ayant eu que très-peu de monde engagé dans ce combat.

Telle fut l'affaire de Balaclava, à laquelle les Russes, dans leurs rapports, donnaient les proportions d'une grande victoire, et qu'ils célébrèrent par un *Te Deum* solennel, chanté à Sébastopol ; mais leur joie devait être de courte durée. Le lendemain, 26, comptant sans doute trouver les Anglais affaiblis ou abattus par leur échec de la veille, les Russes, au nombre de sept à huit mille hommes, avec du canon, firent une sortie du côté d'Inkerman, et attaquèrent à l'improviste la division de sir Lacy-Evans, chargée de protéger les travaux de siége de la droite. Les Anglais laissèrent approcher l'ennemi à trente pas de leurs batteries, et ouvrirent sur lui un feu foudroyant. Les Russes s'enfuirent, en laissant sur le terrain quatre à cinq cents morts ou blessés ; les Anglais les poursuivirent jusqu'aux abords de la place, et leur firent une centaine de prisonniers. L'action ne dura que quelques instants, mais « elle fut très-brillante et compensa certainement pour les Anglais, dit le général Canrobert, les incidents fâcheux de la veille. »

Ces combats, ces sorties n'arrêtaient pas les travaux du siége. « Les attaques contre la place, écrivait le général en chef à la date du 2 novembre, marchent lentement avec le pic, la pince et le pétard, mais sûrement, et nous sommes parvenus aujourd'hui à cent quarante mètres du saillant du bastion du Mât. »

De nouvelles batteries, construites depuis le bombardement du 17, ouvrirent leur feu le 1ᵉʳ novembre au matin, et dominèrent pendant toute la journée le feu de la place ; mais, la nuit suivante, les dommages occasionnés par notre artillerie étaient réparés ; l'ennemi avait en outre réuni un nombre considérable de pièces de canon ; et, le 2 au matin, avant le jour, nos travaux d'approche et nos nouvelles batteries furent assaillis par le feu d'artillerie le plus violent qui se soit jamais entendu. Fort heureusement, mal dirigé pendant la nuit, il ne nous causa que des pertes et un dommage matériel insignifiants. Mais ce fait nous révélait une fois de plus que la défense grandissait avec l'attaque, et nous forçait d'admirer l'incroyable activité avec laquelle les Russes réparaient les dégâts causés à leurs ouvrages de défense ou à leur artillerie.

Pendant que les assiégés se défendaient avec opiniâtreté, l'armée russe qui tenait la campagne recevait des renforts de jour en jour. C'étaient, d'après les rapports du général en chef : 1° des contingents venus de la côte d'Asie, de Kertch et de Kaffa ; 2° six bataillons et des détachements de marins venus de Nicolaïeff ; 3° quatre bataillons de Kosaques de la mer Noire ; 4° une grande partie de l'armée du Danube : dixième, onzième et douzième divisions d'infanterie formant le quatrième corps, sous les ordres du général Dannenberg. Ces trois divisions avaient été transportées en poste avec leur artillerie d'Odessa à Symphéropol, en quelques jours. Enfin, les grands-ducs Michel et Nicolas, fils de l'empereur Nicolas, étaient venus animer de leur présence cette armée, qui formait, avec la garnison de Sébastopol, un ensemble de plus de cent mille hommes.

Avec de telles forces les Russes se crurent en état de faire lever le siége de Sébastopol et de contraindre l'armée alliée à se rembarquer, si toutefois ils ne parvenaient pas à la détruire entièrement et à la faire prisonnière. Le plan d'opération des Russes, un peu ambitieux sans doute, avait été savamment combiné et approuvé par l'empereur Nicolas lui-même; il avait, comme nous venons de le voir, envoyé ses deux fils en Crimée pour en assurer l'exécution par tous les moyens imaginables. Voici en quoi consistait ce plan, qui fut un instant sur le point de réussir.

Les Russes savaient que l'armée alliée était divisée en deux grands corps, l'un dit de siége, chargé directement des opérations militaires contre la place, l'autre d'observation, qui devait repousser les attaques venant du dehors. La droite des Anglais était dominée par une hauteur accessible du côté d'Inkerman et des marais de la Tchernaïa; malheureusement les ingénieurs ou l'état-major anglais avaient commis la faute de ne pas fortifier convenablement cette hauteur; ils n'y avaient élevé qu'une petite redoute pour deux canons seulement, et d'un relief insuffisant pour mettre une grand'garde à l'abri de l'escalade. A la suite de cette hauteur jusque auprès de Balaclava, règne une ligne de monticules d'un escarpement inaccessible, où étaient établies les redoutes et les autres fortifications de campagne destinées à couvrir le siége du côté de l'ennemi, et où campaient les deux divisions françaises du corps d'observation. Sur toute cette ligne il n'y avait d'accessible que la hauteur dont nous avons parlé; ce fut le point que les généraux Menschikof et Dannenberg résolurent d'enlever à l'aide de leurs épaisses colonnes, auxquelles ne pourraient résister le petit nombre de soldats anglais chargés de défendre une redoute inachevée et mal armée. Une fois maîtres de cette hauteur, les Russes devaient y placer une nombreuse artillerie, qui foudroierait à volonté le camp anglais placé plus bas, pendant que des colonnes serrées descendraient avec impétuosité sur ce même camp, couperaient les communications de l'armée assiégeante avec Balaclava, et prendraient à revers la ligne de circonvallation ; d'un autre côté, le général Liprandi, avec la réserve de l'armée russe, devait pénétrer par la route de Balaclava, et opérer sa jonction avec le reste de l'armée russe entre cette ligne et celle des tranchées ; en même temps, la garnison de Sébastopol devait faire une forte sortie, et placer ainsi l'armée de siége entre deux feux. Si cette grande et habile manœuvre réussissait, l'armée combinée, attaquée à dos, était forcée d'abandonner ses travaux de siége et de se faire jour au travers de l'armée ennemie pour regagner les deux ports de dépôt, Balaclava et la baie de Kamiesch. Dès lors, chacune des deux armées alliées pouvait se trouver acculée à la mer, n'ayant d'autre moyen de salut qu'un embarquement précipité, si toutefois il ne lui arrivait rien de pire.

Ce plan, comme on peut en juger, était habilement combiné. Nous allons voir comment il fut déjoué par le courage inébranlable des Anglais et par la brillante valeur des Français.

Les généraux russes avaient choisi la matinée du 5 novembre pour livrer bataille. Il avait plu toute la nuit ; un brouillard épais couronnait les hauteurs et couvrait la vallée d'Inkerman. A la faveur de l'obscurité, un corps d'armée de quarante à quarante-cinq mille hommes avec une nombreuse artillerie s'avança silencieusement sur la droite des

Anglais, et gravit la colline sur laquelle était placée cette faible redoute dont il a été fait mention. Tout était repos et sécurité dans le camp anglais, où l'on ne pensait guère à être attaqué. Tout à coup un feu vif de mousqueterie éclata dans le fond de la vallée, où se trouvaient les postes avancés de la deuxième division anglaise. Ces postes se replièrent en toute hâte, en donnant l'alarme. Bientôt toutes les hauteurs furent envahies par les Russes, qui avançaient en force. Leurs grandes capotes grises les rendaient presque invisibles au milieu du brouillard, même à quelques pas de distance. Tous les postes avancés des Anglais furent repoussés, et la redoute qui couvrait leur droite fut emportée. Les Russes la garnirent aussitôt d'artillerie, et commencèrent à tirer sur le camp anglais.

L'armée anglaise, réveillée en sursaut, fut en un instant sur pied. Surprise, mais non intimidée, elle s'élança en bon ordre, à la voix de ses chefs, au-devant d'un ennemi cinq fois plus nombreux qu'elle. « Alors, dit un officier anglais, témoin oculaire et acteur de ce drame terrible, alors commença une des plus sanglantes mêlées qu'on ait vues depuis que le fléau de la guerre est déchaîné sur le monde... La bataille d'Inkerman défie toute description. Ç'a été une série d'actes d'héroïsme terribles, de combats corps à corps, de ralliements découragés, d'attaques désespérées dans des vallées, dans des broussailles, dans des trous cachés aux yeux des humains, et d'où les vainqueurs, Russes ou Anglais, ne sortaient que pour se lancer de nouveau dans la mêlée, jusqu'au moment où les bataillons du tzar cédèrent devant notre solide courage et le chevaleresque élan des Français. »

Pendant que l'attaque commençait du côté de la redoute,

une démonstration avait été faite dans la vallée de Balaclava par l'infanterie, la cavalerie et l'artillerie réunies, afin d'attirer sur ce point l'attention des Français, campés sur les hauteurs qui la dominent, et de les empêcher de se porter au secours des Anglais. Mais le général Bosquet, qui commandait le corps d'observation, ne s'y laissa pas tromper; il reconnut facilement que c'était une fausse attaque. A peine avait-il fait prendre les armes à son corps d'armée pour parer à tout événement, que le général Canrobert lui envoyait l'ordre de se diriger sans retard sur le théâtre de l'action; en même temps ce dernier prévenait le général Forey de ce qui se passait à l'armée d'observation, et qui pouvait faire craindre une sortie de la place.

Quand le général Bosquet arriva, il était temps; car les divisions Cambridge et Cathcart, quoique ayant conservé leur ordre de bataille sous un feu épouvantable, avec cette ténacité admirable particulière aux Anglais, ne pouvaient longtemps prolonger la lutte. La division Cambridge avait éprouvé des pertes énormes en reprenant et en perdant deux ou trois fois la redoute enlevée par les Russes; le général Cathcart avait été tué; pendant quelques instants le résultat de la journée fut l'objet de la plus vive appréhension. Ce fut alors que les bataillons français se présentèrent devant les Russes, la division Bosquet avec quarante pièces de canon en première ligne, la brigade Monet et la cavalerie Morris en réserve. Les Anglais, en apercevant sur le haut de la colline la couleur bien connue des zouaves, les accueillirent par des *hourras* de joie. Avant que l'ennemi eût eu le temps de se reconnaître, un bataillon de zouaves et un bataillon de tirailleurs algériens s'élançaient dans la mêlée, et pénétraient dans la masse compacte des Russes « comme un coin de fer dans le tronc d'un vieux chêne, » selon l'expression pittoresque d'un témoin oculaire.

Pendant trois heures, les généraux Canrobert et Bosquet accomplirent, en présence des deux armées, des prodiges de valeur personnelle et d'opiniâtreté militaire. Sous les coups des Français, des régiments russes entiers, chargés à la baïonnette ou fusillés à bout portant, tourbillonnaient et disparaissaient. A midi, la marche de l'ennemi était arrêtée, et, bien qu'il tînt encore sur plusieurs points, la grandeur de ses pertes, l'élan et l'enthousiasme de nos troupes ne laissaient guère de doute sur l'issue du combat. Et cependant, bien que sous le feu des Français les Russes tombassent littéralement par bataillons, ils ne trahirent aucun symptôme de désordre. Au contraire, ils se formèrent admirablement en ligne, changeant leur front pour recevoir l'attaque des Français, et étendant leur ligne pour reprendre l'offensive contre les Anglais. Mais à ce moment nos hommes se jetèrent sur eux avec furie en chargeant à la baïonnette. Ils les reçurent aussi à la baïonnette, et pendant cinq minutes sept ou huit régiments se battirent avec acharnement dans une horrible mêlée. A la fin, l'ennemi plia et se retira, mais en ordre et seulement quand ses chefs donnèrent le signal de la retraite. Les Français et les Anglais les poursuivirent avec la plus grande ardeur ; notre artillerie vomissait sur eux des masses de fer. Ce fut alors un vrai carnage, et leurs pertes à ce moment ont été énormes. Ce qui put échapper à la mort se partagea en deux colonnes, dont l'une regagna la ville en traversant le pont d'Inkerman, et l'autre disparut dans la gorge qui conduit sur les hauteurs du fort du Nord.

Tandis qu'on se battait ainsi à la droite des Anglais, une puissante sortie s'exécutait de la place contre la gauche de nos attaques. Une colonne de cinq à six mille hommes, soutenue par une batterie d'artillerie, sortit à neuf heures du matin du bastion de la Quarantaine, et suivit le ravin situé à la gauche de nos lignes. Sa marche, favorisée par un épais brouillard, ne put être arrêtée tout d'abord. Elle tomba en force sur les batteries n°s 1 et 2, et contraignit les servants de ces batteries de se retirer sur la garde des tranchées. Cette garde, composée de deux bataillons, l'un du 39me, et l'autre du 19me de ligne, et de quatre compagnies de la légion étrangère, dut aussi se replier sous l'effort de la colonne russe. Mais bientôt l'arrivée de deux compagnies du 19me bataillon de chasseurs et de quatre compagnies de la légion étrangère, fit vivement reprendre l'offensive à nos gens.

Au premier bruit de la fusillade, le général Forey, commandant en chef le corps de siége, prit ses dispositions pour repousser vigoureusement la sortie de l'ennemi. Les généraux de Lourmel et d'Aurelle eurent ordre de se porter en avant, pendant que le prince Napoléon formait la réserve avec sa division. « La brigade de Lourmel, dit le rapport, conduite avec une ardeur indicible par son chef, culbuta en avant d'elle l'ennemi aussitôt qu'elle se trouva en sa présence. Deux bataillons du 26me de ligne poursuivirent sans relâche les Russes, qui se retirèrent en désordre. Ce fut alors que le général de la Motte-Rouge, voyant arriver le général de Lourmel à la hauteur de la baie de la Quarantaine, où il était en position, le suivit dans son mouvement offensif. Nos troupes, stimulées par l'ardeur du succès, parvinrent à peu de distance des murailles de la place, poussant devant elles la masse des Russes, pendant que la section d'artillerie commandée par le lieutenant de la Hitte lançait des obus et des boulets sur eux. »

Le général Forey, jugeant que la poursuite faite à l'ennemi était poussée beaucoup trop loin, envoya ses aides de camp, le chef d'escadron d'Auvergne et le capitaine d'état-major Colson, pour porter l'ordre aux généraux de se mettre immédiatement en retraite. Quand M. d'Auvergne arriva près du général de Lourmel, celui-ci venait de recevoir une balle qui lui avait traversé le corps de part en part; quoique mortellement atteint, il était resté ferme et impassible à cheval; et il avait su commander à un tel point à sa douleur, que M. d'Auvergne, en l'abordant, ne s'aperçut pas qu'il fût blessé et qu'il lui transmit l'ordre dont il était porteur. Le général de Lourmel lui dit à demi-voix : « Je suis blessé, commandant. — Grièvement, général? » Celui-ci, sans répondre, inclina la tête. « Croyez-vous pouvoir conserver le commandement? — Non, j'ai fait prévenir le colonel Niol; transmettez-lui les ordres. » — Le commandant s'éloigna aussitôt pour porter l'ordre de retraite au colonel Niol. On eut beaucoup de peine à faire prononcer ce mouvement, tant l'ardeur des chefs et des soldats était grande. Le colonel Niol fut obligé d'effectuer la retraite sous le feu le plus violent de toutes les batteries de la place.

« Nos pertes, dit le général Forey, ont été très-sensibles; mais je ne crois pas être au-dessous de la vérité en portant à douze cents le nombre des Russes morts ou mis hors de combat. »

Ainsi partout, dans cette journée du 5 novembre, l'ennemi avait complétement échoué. L'attaque principale du côté d'Inkerman s'était tournée pour lui en une défaite désastreuse, et la grande diversion tentée à notre gauche n'avait pas eu plus de succès.

Telle a été la glorieuse et sanglante journée d'Inkerman. Son premier effet a été de cimenter d'une manière indissoluble l'union entre les deux armées française et anglaise ; car si les Français se sont portés avec ardeur au secours de leurs alliés un instant compromis, ceux-ci s'en sont montrés dignes en proclamant hautement leur reconnaissance et la grandeur des services que leur a rendus l'armée française. Lord Raglan, au nom de son pays, a remercié avec émotion le général Canrobert, et, sur le champ de bataille même, rencontrant le général Bosquet, il lui dit en lui tendant la main : « Général, au lieu d'une main qui me reste, je voudrais en avoir quatre pour vous les tendre toutes à la fois. »

Les pertes ont été nombreuses dans les armées alliées. Les Anglais ont eu deux mille six cents hommes hors de combat, trois généraux tués, quatre blessés. Au combat de la droite, la perte des Français s'élève à neuf cents hommes, supportée en totalité par la deuxième division. A la gauche, la sortie des Russes nous a coûté cinq cents hommes tués ou blessés, dans les bataillons de gardes de tranchées et dans la brigade de Lourmel. Quant aux Russes, leurs pertes ont été énormes. Les redoutes reprises, les ravins du plateau, le fond de la vallée et les abords du pont d'Inkerman présentaient le plus horrible spectacle que puisse offrir un champ de bataille. Le terrain était littéralement couvert des cadavres des Russes. On a évalué le nombre de leurs morts laissés sur le champ de bataille, à cinq mille cinq cents au moins ; ce qui, joint aux blessés et à ceux qui ont succombé à la sortie sur notre droite, porterait de quinze à dix-huit mille le nombre des hommes mis hors de combat de leur côté dans cette sanglante journée.

Nous terminerons ce chapitre par quelques détails intéressants sur la mort du brave général de Lourmel. Ils sont extraits d'une lettre écrite par un officier qui a été témoin de ses derniers moments.

Après que l'aide de camp du général Forey l'eut quitté, il resta encore quelque temps à cheval, malgré les instances de ceux qui l'entouraient. Enfin il fut forcé de descendre, soutenu par son aide de camp. « On le transporta à quelques pas sous une grêle de balles et de boulets partis de la place. Là on voulut le panser ; il s'y opposa, et après une heure et demie de marche, pendant laquelle il continua à donner ses ordres avec le plus grand calme, on parvint à la petite maison qu'il occupait dans le camp. Les chirurgiens, prévenus du malheur qui venait d'arriver, attendaient le général. Après l'avoir déshabillé, ils reconnurent que la blessure était de la plus terrible gravité ; le poumon était traversé. On ne comprenait pas qu'il eût pu conserver assez de forces morales pour dompter la douleur physique.

« La nouvelle de la blessure mortelle du général se répandit bientôt dans l'armée, et fut reçue avec les plus douloureux regrets. De Lourmel était connu, apprécié, aimé de tout le monde et adoré des soldats sous ses ordres. On l'avait surnommé *le Bayard de l'armée*, à cause de sa brillante valeur.....

« Malgré les préoccupations résultant de la bataille sanglante qui venait d'être livrée à Inkerman, on venait à tout instant s'informer s'il restait quelque espoir de conserver des jours aussi précieux. Un instant on espéra : de Lourmel seul vit bien qu'il était perdu ; il fit demander un prêtre, disant à ceux qui cherchaient à le rassurer : « Il faut toujours être prévoyant. » La journée fut assez bonne, mais la nuit une crise violente se déclara.

« Le 6 cependant, vers onze heures du matin, le blessé allait mieux, on ne perdait pas tout espoir ; mais vers deux heures il se fit un épanchement de sang dans la poitrine, et chacun comprit qu'il n'y avait plus de remède. Sentant approcher son dernier moment, le général prit la main de son aide de camp, et la lui serrant avec calme : « Dites que mes dernières pensées ont été pour madame de Lourmel, pour ma mère, et pour l'empereur et la France. » Et il expira en héros chrétien, sans laisser apercevoir sur son visage la plus légère trace de douleur. »

CHAPITRE VIII

Effets de la bataille d'Inkerman par rapport au siége. — On se décide à attendre les renforts avant de tenter un assaut. — Approbation de cette résolution par l'empereur. — Annonce d'envoi de secours. — Reprise des travaux de tranchée. — Installation des camps. — Tempête du 14 novembre. — Perte du *Henri IV* et de la corvette *le Pluton*. — Continuation des travaux de siége. — Tir continuel de la place. — Incroyable consommation de poudre et de boulets. — Nos francs-tireurs. — Moyens employés par les Russes pour se préserver de leurs coups. — Les francs-tireurs russes. — Arrivée des renforts à notre armée. — Souffrances de notre armée pendant l'hiver. — Travaux immenses exécutés par les Russes. — Traité du 2 décembre. — L'armée turque du Danube est envoyée à Eupatoria. — Sortie du 28 décembre. — Les Russes sont promptement repoussés. — Reconnaissance du général Morris au delà de la Tchernaïa.

La bataille d'Inkerman, malgré l'éclatant succès qui l'avait couronnée, n'amenait rien de décisif quant au but même de l'expédition de Crimée, la prise de Sébastopol. Elle avait au contraire révélé l'existence d'une armée nombreuse, aguerrie, animée par la présence de ses princes, et résolue à une résistance extrême ; on était parvenu à repousser l'attaque de cette armée ; on l'avait, pour le moment du moins, réduite à l'impuissance de faire lever le siége, comme elle s'en était flattée ; mais, en présence de forces aussi considérables, le siége lui-même devenait une opération de plus en plus difficile ; il était impossible de songer à enlever de vive force une place défendue par une armée plus nombreuse que celle des assiégeants.

Toutes ces considérations furent l'objet d'un examen sérieux dans un conseil de guerre tenu le 6 novembre par les généraux en chef des deux armées. Il fut décidé que l'assaut serait ajourné, et que les troupes alliées resteraient dans leurs lignes, et y attendraient des renforts de France et d'Angleterre.

L'empereur Napoléon approuva cette résolution des généraux en chef, et dans sa lettre de félicitation au général Canrobert sur la bataille d'Inkerman, il s'exprime ainsi à ce sujet :

« ..... Après la brillante victoire de l'Alma, j'avais espéré un moment que l'armée ennemie, en déroute, n'aurait pas réparé si promptement ses pertes, et que Sébastopol serait bientôt tombé sous nos coups ; mais la défense opiniâtre de cette ville et les renforts arrivés à l'armée russe arrêtent un moment le cours de nos succès. Je vous applaudis d'avoir résisté à l'impatience des troupes demandant l'assaut dans des conditions qui auraient entraîné des pertes trop considérables.

« Les gouvernements anglais et français veillent avec une ardente attention sur leur armée d'Orient. Déjà des bateaux à vapeur franchissent les mers pour vous porter des renforts considérables. Ce surcroît de secours va doubler vos forces et vous permettre de prendre l'offensive..... »

En effet, quatre divisions nouvelles, de onze mille hommes chacune, étaient réunies sur le pied de guerre et mises en marche avec leur artillerie, les troupes du génie, leur matériel d'administration, d'ambulance et de transport. En même temps le gouvernement anglais expépédiait de son côté une division de huit à neuf mille hommes; il formait des régiments de volontaires de la milice, destinés à laisser disponibles pour l'armée d'Orient les régiments de ligne en garnison dans quelques villes d'Angleterre ainsi que dans les places de la Méditerranée, Gibraltar, Malte, Corfou. Ces divers renforts, quand ils seraient arrivés, porteraient l'armée alliée à près de cent mille hommes, ce qui lui permettrait de poursuivre avec chance de succès sa pénible et glorieuse entreprise.

Tandis qu'on se préparait à leur porter des renforts, nos soldats ne restaient pas oisifs. Les travaux de tranchée furent repris avec activité; on fortifia de plus en plus les lignes déjà existantes, on en prépara de nouvelles. L'ennemi continuait, à l'aide de sa formidable artillerie, de chercher à contrarier ces travaux; mais les artilleurs russes étaient de leur côté exposés au feu des carabines de nos chasseurs à pied et de nos zouaves, qui leur faisaient éprouver de grandes pertes.

Ceux de nos soldats qui n'étaient pas occupés à la tranchée, travaillaient à leur installation dans les camps qui couvraient le plateau de Chersonèse. Les tentes de campagne fournies par l'administration étant insuffisantes, les zouaves, et la plupart des régiments qui avaient servi en Afrique, construisirent des *gourbis* à la manière des Arabes, ou employèrent, pour se mettre à l'abri des injures de l'air, une foule d'autres moyens que sait inventer l'industrie ingénieuse du soldat français. Mais un ennemi sur lequel il ne comptait pas vint bouleverser leurs travaux et mettre leur constance à une rude épreuve.

Le 14 novembre, une tempête épouvantable s'éleva sur toute la côte de Crimée, et exerça ses ravages sur terre et sur mer. Quoique la mer Noire soit sujette à ces perturbations atmosphériques, depuis de longues années on n'y avait pas ressenti une semblable tourmente (1). Commencée à sept heures du matin, elle augmenta de minute en minute; de neuf à midi elle fut à son paroxysme et tourna en ouragan. Il serait impossible de décrire le spectacle de désolation qui s'offrit alors aux regards : sur terre, des arbres séculaires furent arrachés et dispersés comme de la paille, les tentes des soldats enlevées, déchirées, réduites en pièces; les tranchées s'emplirent d'eau, et tous les travaux du siége furent considérablement endommagés. Mais, sur mer, le spectacle était bien plus affreux. « Le vent était si fort, dit un officier du vaisseau *le Napoléon*, qu'il volatilisait la mer, et rendait sa surface aussi blanche que si elle eût été revêtue d'une couche de neige. A plusieurs reprises, la poussière de la mer, soulevée par le vent en fureur, inonda l'atmosphère à une hauteur énorme, entoura le vaisseau, qui paraissait plongé dans un nuage, lui déroba la vue du ciel et de la mer, et s'abattit sur lui en trombe furieuse. Un de ces effets a duré une heure entière. Pendant ce temps, la tourmente a été si effroyable, qu'elle a couché par terre, à plusieurs reprises, toutes les personnes qui se trouvaient sur la dunette, et qu'elle a soulevé du sol

---

(1) La dernière tempête dont la violence peut être comparée à celle du 14 novembre, a eu lieu en 1836, dix-huit ans auparavant.

des officiers qui ont été obligés de se faire amarrer afin de pouvoir y rester et continuer leur service. Il était neuf heures et demie lorsque ce phénomène a commencé, et, pendant toute sa durée, il a été impossible de rien distinguer sur le vaisseau au delà d'une portée de pistolet (1). »

Outre *le Napoléon*, il se trouvait encore sur la rade de Kamiesch un grand nombre de navires de guerre français, entre autres *le Montebello*, *le Jean-Bart*, *le Vauban*, *le Descartes*, etc. D'autres étaient à l'embouchure de la Katcha; d'autres enfin étaient mouillés dans la rade d'Eupatoria. Ces navires pour la plupart, ceux surtout qui étaient pourvus de machines à vapeur, résistèrent aux efforts de la tempête; mais *le Henri-Quatre*, vaisseau de cent canons, après avoir lutté toute la journée, et avoir eu ses quatre chaînes brisées, fut jeté à la côte à six heures du soir dans la baie d'Eupatoria. *Le Pluton*, corvette à vapeur de la marine impériale, heurté par un trois-mâts du commerce, ne put résister au choc, et dut échouer également; sept bricks du commerce furent aussi jetés sur cette même côte. Dans la nuit un vaisseau turc se perdit encore dans cette baie.

Les Russes, quoique mieux garantis derrière leurs murailles que nos soldats sous leurs tentes, avaient aussi souffert de la tempête. Leurs ouvrages de défense, la plupart construits en terre nouvellement remuée, et que les torrents de pluie avaient délayée, étaient non moins endommagés que les nôtres. L'agitation de la mer avait été si grande, qu'elle s'était fait sentir jusque dans le port de

---

(1) Lettre écrite au *Moniteur*, 1854, page 1355.

Sébastopol, et que la force de la houle avait déplacé un des navires coulés dans la passe. Les Russes, craignant de voir la flotte alliée pénétrer par cette brèche, s'empressèrent de couler pour la fermer un nouveau vaisseau, *le Rotislaf*.

La tempête ne s'apaisa qu'à la fin de la nuit, après une durée de vingt-quatre heures. Le matin, on voyait tristement surnager les débris des navires marchands qui s'étaient perdus, et le soleil, en se levant sur le sommet des hautes montagnes qui entourent Sébastopol, éclairait leurs cimes, que la neige avait blanchies pendant la nuit. Sur quelques monticules voisins du rivage, on voyait accourir des nuées de Kosaques attirés par l'espoir de piller les navires de commerce naufragés; mais l'artillerie des frégates, qui croisaient sur la côte, eut soin de les tenir à distance jusqu'à ce qu'on eût opéré le sauvetage de tout ce qui pouvait être conservé; puis le reste fut incendié.

Sur la baie d'Eupatoria, les Kosaques avaient fait une semblable tentative contre les embarcations du vaisseau *le Henri-Quatre*, échoué à quelques encablures du rivage; mais l'artillerie et l'équipage de ce beau vaisseau étaient encore au complet, et bientôt de foudroyantes bordées, parties de ses flancs, couvrirent la plage des cadavres d'une partie de ces pillards; les autres s'enfuirent en toute hâte, et ne reparurent plus.

Les Russes avaient aussi profité de cette nuit désastreuse pour tenter un coup de main contre la ville d'Eupatoria, dans la prévision que sa petite garnison serait tout entière occupée à secourir les nombreux naufragés que la tempête jetait dans le voisinage. Sept à huit mille hommes et seize pièces d'artillerie vinrent ouvrir un feu des plus violents à six cents mètres de la place ; mais, grâce aux travaux exécutés depuis l'occupation française, la ville était en état de se défendre. La partie de la garnison qui n'était pas employée à porter aide aux navires en détresse, riposta vigoureusement au feu de l'ennemi. Pendant une heure l'engagement fut très-vif ; mais les pièces françaises, habilement servies, eurent à la fin l'avantage et forcèrent les Russes à se retirer.

Les désastres occasionnés par la tempête du 14 novembre furent loin d'avoir des conséquences aussi fâcheuses qu'on aurait pu le craindre d'abord. Ils furent considérablement atténués et en partie réparés par le dévouement des officiers, des soldats et des marins, et par les prévoyantes mesures du gouvernement. Ainsi, deux vaisseaux à hélice *le Prince-Jérôme*, et *le Fleurus*, tous deux de cent canons, venaient d'arriver à Constantinople pour remplacer ceux de nos bâtiments que des circonstances imprévues pouvaient mettre hors de service. Ils se rendirent immédiatement dans la mer Noire et remplacèrent *le Henri-Quatre*, et *le Pluton*. La conservation de ces deux navires ayant été reconnue impossible, l'amiral Hamelin s'empressa de faire opérer le sauvetage de tous les objets qui leur avaient appartenu et qui étaient de quelque valeur. Cinquante-cinq pièces de gros calibre, provenant du *Henri-Quatre*, furent envoyées au général Canrobert pour être employées au siége de Sébastopol, en même temps qu'un nombre suffisant de canonniers-marins appartenant à l'équipage de ce vaisseau, pour manœuvrer ces pièces. *Le Henri-Quatre* fournit également une batterie complète pour la défense d'Eupatoria. Une partie des objets sauvés des bâtiments naufragés fut envoyée à Toulon, et le reste fut gardé dans la baie de Kamiesch pour les besoins de l'armée et de la marine ; de sorte qu'en définitive on ne perdit guère que la carcasse de ces deux bâtiments.

Dès que la tempête fut apaisée, les travaux du siége furent repris avec ardeur, en même temps que l'armée d'observation se fortifiait par des lignes de circonvallation inabordables, et qui devaient ôter aux Russes la pensée de renouveler l'attaque d'Inkerman. Du reste, ils paraissaient fort peu disposés à tenter une seconde fois de nous faire lever le siége. Immobiles derrière leurs remparts, ils ne songeaient qu'à défendre la ville, que nos approches resserraient de jour en jour. Leur innombrable artillerie ne cessait d'entretenir un feu soutenu contre nos travailleurs, le plus souvent sans résultat et probablement sans autre but que de chercher à nous intimider. « Jamais, écrivait le général Canrobert à la date du 28 novembre, on n'a vu une pareille consommation de poudre et de boulets ; nos officiers d'artillerie calculent que les Russes ont tiré pour cet objet, depuis notre arrivée sous les murs de Sébastopol, quatre cent mille coups de canon, et brûlé un million deux cent mille kilogrammes de poudre. On peut se faire une idée, d'après cela, des approvisionnements accumulés dans la place. » Et quand on pense que cette consommation de poudre et de projectiles a duré dix mois encore après cette date, une pareille idée prend des proportions tout à fait gigantesques.

Nos batteries ne répondaient pas toujours à ce feu continuel ; mais des compagnies de francs-tireurs s'organisèrent dans les corps pourvus d'armes de précision, dites carabines Minié, et firent des ravages considérables parmi les artilleurs ennemis. Ces francs-tireurs, la plupart sortis des chasseurs à pied ou des zouaves, s'embusquaient dans des plis de terrain, dans des trous creusés à cet effet derrière le parapet des tranchées, et dès qu'un artilleur russe se montrait dans les batteries ou se laissait entrevoir à travers les embrasures, il était presque toujours frappé d'une ou de plusieurs balles. Déconcertés par ce tir d'une étonnante précision, les Russes imaginèrent différents moyens pour se mettre à couvert pendant la manœuvre de leurs pièces; entre autres, ils établirent des sortes de portières à l'épreuve des balles, et en fermèrent leurs embrasures. Ces portières ne s'ouvraient qu'au moment où la pièce faisait feu, et se refermaient aussitôt après le coup tiré. Cet obstacle ne les préserva pas encore complétement de l'adresse de nos francs-tireurs. Ceux-ci, calculant le temps que les artilleurs mettaient à charger, attendaient, la carabine en joue, le doigt sur la détente, que la portière s'ouvrît, et, ne le fût-elle qu'un moment, à l'instant la tête ou le bras qui se montrait était atteint par leurs balles. Bientôt les Russes, pour combattre nos francs-tireurs, eurent recours à un moyen plus militaire que celui des portières d'embrasures, sans toutefois y renoncer : ce fut de leur opposer un corps de même genre, armé de la même manière, et combattant comme eux dans des embuscades établies entre les remparts et nos lignes de tranchées. Les Russes ont une aptitude merveilleuse pour l'imitation; en peu de temps leurs francs-tireurs rivalisèrent avec les nôtres, et il fallut plus d'une fois, comme on le verra dans la suite de ce récit, des efforts considérables pour détruire ou enlever leurs embuscades, qui nous faisaient beaucoup de mal. Le plus souvent, quand on y était parvenu, ils en construisaient de nouvelles dès la nuit suivante, soit sur le même emplacement, soit dans le voisinage, et il fallait recommencer le lendemain sur nouveaux frais.

Vers la fin de novembre, les renforts commencèrent à arriver à notre armée, ainsi que l'empereur l'avait annoncé au général Canrobert. Les travaux de siége furent poussés avec une nouvelle activité, malgré le feu incessant de la place, les sorties fréquentes de la garnison, et surtout l'intempérie de la saison. Alors commença pour nos soldats une vie d'épreuves, de fatigues et de privations dont on ne saurait se faire une idée, et que la plume essaierait en vain de décrire. Qui pourrait en effet peindre la situation de nos soldats de garde dans les tranchées, ou travaillant à les creuser, exposés, pendant les longues nuits d'hiver, à des pluies torrentielles, ou bien à des tourbillons de neige poussés par un vent glacial, forcés de rester immobiles, les pieds dans l'eau, dans la neige ou dans la boue, sans feu, en silence, pour ne pas éveiller l'attention de l'ennemi? Qui pourrait retracer les incidents si variés de cette lutte prolongée de jour et de nuit, ces surprises, ces escarmouches incessantes, formant autant d'épisodes sanglants du grand et terrible drame qui s'est joué pendant onze mois entiers sous les murs de Sébastopol? Nous voudrions essayer de reproduire toutes ces scènes émouvantes, que l'espace nous manquerait pour le faire, et nous sommes forcé de nous borner au récit des faits principaux et des actions importantes qui ont signalé ce siége mémorable et sans précédent connu dans l'histoire.

L'ennemi ne se bornait pas à contrarier nos travaux; il en élevait de son côté de formidables, et avec une incroyable activité. Avant notre arrivée sur le plateau de Chersonèse, le côté sud de Sébastopol était beaucoup moins fortifié que le côté nord, défendu naturellement par la rade et par de nombreux forts élevés sur ses rivages ; mais dès que les Russes eurent reconnu que nos attaques se porteraient uniquement sur le côté du sud, ils s'attachèrent à retrancher leur ville de ce côté par des travaux habilement conçus et rapidement exécutés. En peu de temps ces travaux furent terminés, et, de quelque côté qu'on tournât ses regards, on n'apercevait que des batteries protégées par des terrassements énormes et des abatis formés de troncs d'arbres enfouis en terre, et dont les branches entrelacées, épointées et durcies au feu, étaient destinées à protéger les travaux de la place en arrêtant les colonnes d'assaut, et en forçant les assiégeants, avant qu'ils pussent franchir cet obstacle, à supporter un cruel feu de mitraille et de mousqueterie.

Ces formidables apprêts de la défense étaient loin d'abattre le courage de nos soldats. Ils y voyaient de nouvelles difficultés à vaincre, mais aussi plus de gloire à acquérir, et cette idée soutenait leur courage et leur faisait supporter avec patience et résignation les souffrances de toute nature auxquelles ils étaient exposés. L'arrivée de nouveaux camarades, qui venaient partager leurs dangers, les preuves de sollicitude qu'ils recevaient chaque jour du gouvernement, la certitude d'être pour leur patrie un objet constant de sympathie et d'admiration, faisaient une heureuse diversion à la monotonie de la vie des camps, ranimait leur courage et l'exaltait jusqu'à l'héroïsme.

Deux nouvelles importantes vinrent à cette époque donner à notre armée l'espoir de voir prendre à nos affaires une tournure encore plus favorable. L'une d'elles était le traité du 2 décembre, entre l'Autriche, la France et l'Angleterre. Quoique cette première puissance ne s'engageât pas encore à prendre part à la lutte, tout faisait présager que, si elle ne réussissait pas à obtenir de la Russie la paix aux conditions fixées par les puissances occidentales, elle joindrait ses armées aux leurs pour l'y contraindre. En attendant, ce qui était déjà un point très-important, elle s'obligeait à défendre contre tout retour des Russes les principautés danubiennes, dont l'accès devait rester libre aux armées françaises, anglaises et turques. Par suite de cette dernière détermination, l'armée turque du Danube, commandée par Omer-Pacha, devenait disponible. Les puissances alliées résolurent d'employer cette armée en Crimée : en conséquence, elle fut embarquée à Varna et envoyée à Eupatoria, où Omer-Pacha établit son quartier général. C'était là la seconde nouvelle dont nous voulions parler. En effet, l'arrivée d'Omer-Pacha en Crimée, avec une troupe d'élite de ces braves soldats du Danube, était d'un puissant secours pour l'armée alliée, qui aurait moins à craindre désormais des entreprises de l'armée russe de secours.

Les travaux de siège furent incidentés dans la nuit du 28 décembre par une forte sortie des Russes contre les lignes françaises; mais à peine quelques-uns des plus hardis s'étaient-ils approchés de nos tranchées, que le clairon des zouaves fit entendre la sonnerie de *garde à vous*, aussitôt répétée sur toute la ligne. En un instant, les gardes des tranchées furent prêts à recevoir l'ennemi, et des troupes de renfort accoururent pour les soutenir. Malgré l'impétuosité de leur attaque, les Russes furent bientôt repoussés avec de grandes pertes, et avant la fin de la nuit tout était rentré dans le calme accoutumé.

Le lendemain de cette sortie, le général Morris fut chargé de faire une reconnaissance au delà de la Tchernaïa, afin de s'assurer si l'ennemi conservait des forces considérables de ce côté. La colonne se composait de dix bataillons d'infanterie et de onze escadrons de cavalerie, formant un effectif d'environ dix à douze mille hommes; plus, deux batteries d'artillerie, une à cheval, et l'autre montée. Un assez grand nombre d'officiers anglais se joignit à l'état-major du général Morris.

La colonne se mit en route le 30 décembre au point du jour; en se dirigeant vers des gorges qui s'ouvraient sur la gauche de la Tchernaïa, elle rencontra les avant-postes russes, composés de Kosaques réguliers et de hussards, au nombre de six à sept cents environ; en même temps, deux batteries de position établies sur la Tchernaïa ouvrirent leur feu contre nous. Deux escadrons de chasseurs d'Afrique s'élancèrent sur la cavalerie ennemie, tandis que la batterie à cheval forçait les canonniers russes à déloger. Après une fusillade de quelques instants, les Russes lâchèrent pied de tous côtés, s'enfuyant dans des directions différentes, soit pour nous diviser si nous voulions les poursuivre, soit pour prévenir les postes dispersés sur divers points.

Après ce petit engagement, la colonne continua sa marche jusqu'au village de Var-Nutka, où elle fit halte, pendant que l'avant-garde poussait jusqu'à la vallée de Baïdar. Nos soldats eussent bien désiré s'arrêter plus longtemps dans cette charmante vallée, ombragée de bois et richement cultivée, et où s'élèvent un grand nombre de châteaux appartenant aux seigneurs des premières familles de Russie; mais l'ordre avait été donné de revenir au camp avant la nuit; une longue marche restait à fournir pour le retour; on ne put, pour ainsi dire, que jeter un coup d'œil sur ce délicieux pays, et il fallut regagner le plateau désolé de la Chersonèse. Le retour se fit sans obstacle et sans être inquiété. Les soldats conservèrent longtemps le souvenir de cette petite reconnaissance, qu'ils appelaient *une charmante partie de campagne.*

CHAPITRE IX

Nouvelles sorties des Russes. — Emplois qu'ils font de lacets et de crocs pour entraîner nos soldats. — Inutilité de ces sorties pour les opérations de la guerre. — Attaque des Russes contre Eupatoria. — Ils sont repoussés avec perte. — Belle conduite de la petite garnison française sous les ordres du commandant Osmond. — Affaiblissement de l'armée anglaise. — L'armée française est chargée d'une partie des travaux qui devaient être exécutés par l'armée anglaise. — Commencement des travaux contre Malakof. — Importance reconnue de cette position. — Efforts des Russes pour nous en éloigner. — Attaque du 23 février, glorieuse pour nos soldats, mais sans résultats. — Mort de l'empereur Nicolas. — Effet que cette nouvelle produit dans l'armée française. — Crainte de voir discontinuer le siége. — Cette nouvelle n'apporte aucun changement dans la conduite des Russes. — Détails sur une sortie du 15 au 16 mars. — Sanglante sortie du 22 au 23 mars.

Le froid commença à se faire rigoureusement sentir dès les premiers jours de janvier; mais aussi dès ce moment les cargaisons de vivres, de vêtements et d'objets de campement, étrennes patriotiques de la France à ses enfants combattant loin d'elle, arrivèrent au camp devant Sébastopol. Soutenu par ces marques de sympathie, le soldat travaillait et combattait avec un nouveau courage. A la fin de janvier, les parallèles étaient poussées jusque sous les murs de la place ; les batteries nouvellement construites étaient armées et prêtes à faire feu.

Les Russes, qui depuis la nuit du 28 au 29 décembre n'avaient cherché à gêner nos travailleurs que par les décharges continuelles de leur artillerie, recommencèrent leurs sorties en employant un nouveau mode de combat qui, avec raison, a paru inusité et quelque peu sauvage. Dans les sorties du 20 janvier et du 1er février, on remarqua qu'un grand nombre d'entre eux étaient armés de crocs en fer et de lacets qu'ils lançaient, et au moyen desquels ils essayaient, en opérant leur retraite, d'entraîner quelques-uns de nos soldats. Du reste ces sorties, exécutées le plus souvent par un petit nombre de volontaires, ne pouvaient avoir d'effet sérieux sur les opérations de la guerre. Les plus grands avantages que les Russes y aient obtenus ont été d'enclouer une ou deux fois quelques canons, de combler quelques mètres de tranchée; mais ces dommages étaient promptement réparés. Les pertes les plus regrettables étaient celles des braves soldats qui succombaient dans ces escarmouches, souvent après avoir accompli des prodiges de valeur restés ignorés, et ensevelis dans les ombres de la nuit. D'un autre côté, les attaques de ce genre avaient pour nous un résultat avantageux : c'était d'accoutumer nos soldats aux agressions subites, inattendues, et de leur montrer la nécessité impérieuse d'une veille assidue dans les tranchées.

Cependant la présence des Turcs à Eupatoria, où ils étaient en train de se fortifier, inspirait aux Russes de vives inquiétudes ; ils résolurent de faire une tentative pour reprendre cette ville. Dans la nuit du 16 au 17 février, à la faveur de l'obscurité, ils établirent autour de la place, dont les travaux d'enceinte n'étaient pas achevés, une sorte de parallèle non continue, formée de levées de terre destinées à couvrir leur artillerie et leurs tirailleurs. Le 17, à cinq heures du matin, quatre-vingts pièces ouvrirent leur feu. Derrière cette artillerie étaient massés vingt-cinq mille hommes d'infanterie, commandés par le général Kroulef. Les Russes avaient aussi quatre cents chevaux.

Ce feu terrible fit sauter cinq fourgons de munitions appartenant aux Turcs, démonta plusieurs canons, et causa de grandes pertes parmi les troupes, resserrées dans des rues étroites et exposées à la grêle des projectiles qui battaient d'enfilade la ville entière. Après cette canonnade d'environ deux heures, les Russes prirent leurs dispositions pour donner l'assaut vers le nord-est, où l'armement de la place en artillerie était le plus faible. Cinq bataillons d'infanterie, munis d'échelles, de fascines et de tous les matériaux nécessaires pour le franchissement des fossés et l'escalade, s'avancèrent jusqu'à quatre cents mètres, protégés par les murs d'un ancien cimetière; puis deux de ces bataillons furent lancés en avant. Cette colonne, enhardie par le silence des Turcs et se sentant soutenue par de puissants renforts, avança jusqu'à vingt mètres du fossé de défense; mais, reçue tout à coup par une fusillade meurtrière, elle battit en retraite. Ramenée une seconde fois à l'attaque, elle fut vigoureusement repoussée par un bataillon turc, qui, sortant de la place, l'aborda franchement à la baïonnette, et la mit en déroute, pendant que la petite cavalerie ottomane la chargeait en flanc. Cette colonne laissa cent cinquante morts au milieu du cimetière.

Pendant que ce combat avait lieu sur la droite, la canonnade se continuait sur toute la ligne. Le feu de l'ennemi se concentrait particulièrement sur la couronne dite *des Moulins*. C'est là que furent tués le général égyptien Sélim-Pacha, homme de guerre justement estimé, et le colonel égyptien Rusten-Bey, perte aussi des plus regrettables. A dix heures, la retraite des Russes se prononça et devint définitive.

La petite garnison française, d'environ deux cents hommes appartenant au 3me régiment d'infanterie de marine et à la flotte (équipage du *Henri-Quatre*), figura honorablement dans cette belle défense, sous les ordres de son commandant, le chef d'escadron d'état-major Osmond. Les Français eurent quatre hommes tués et huit blessés; parmi ces derniers se trouvait le lieutenant de vaisseau de Las-Cases, qui dirigeait le feu des batteries de marine. Les vapeurs en rade, et notamment la corvette *le Véloce*, commandée par le capitaine Dufour de Mont-Luis, concoururent puissamment, par un tir bien dirigé, au succès de cette brillante affaire.

Les pertes de l'armée russe furent évaluées à cinq à six cents hommes tués et deux mille blessés. Mais le point le plus important de ce combat, c'était l'échec éprouvé par les Russes, qui comptaient presque à coup sûr s'emparer d'Eupatoria par cette vigoureuse attaque. Ce succès aurait un peu relevé le prestige de leurs armes, prestige bien tombé depuis le commencement de cette guerre, où ils n'avaient éprouvé que des défaites.

Tandis que l'armée ottomane inaugurait ainsi d'une manière remarquable ses opérations en Crimée, les Français avançaient, non sans difficultés, les travaux du siége. L'armée anglaise avait beaucoup plus souffert des rigueurs de l'hiver que l'armée française. Moins aguerris aux fatigues que nos soldats, pour la plupart éprouvés par un long séjour en Afrique, les Anglais ne purent supporter les rudes travaux de la tranchée, et la maladie les décima plus cruellement que ne l'avait fait le fer de l'ennemi. D'autres causes encore, telles que la mauvaise administration de l'armée, l'insuffisance du nombre des médecins et chirurgiens, contribuèrent à réduire cette belle armée presque au tiers de son effectif. Dans cet état elle était impuissante à compléter les travaux de la droite du siége, dont elle avait été chargée dans l'origine. Il fallut donner à nos soldats ce surcroît de besogne, et, grâce à l'arrivée des nouveaux renforts, le général Canrobert décida que nous ouvririons sur ce point de nouvelles parallèles, dans le but de battre la tour Malakof, ou plutôt les défenses amoncelées autour d'elle, et qui présentaient un front formidable. Ce fut le deuxième corps, sous les ordres du général Bosquet, qui fut chargé de cette opération. C'était le général du génie Niel qui, arrivé récemment en Crimée, avait reconnu que le véritable point d'attaque était là, et que la possession de ce qu'on appelait la tour Malakof entraînerait nécessairement celle de la ville elle-même.

Les Russes, qui comprenaient toute l'importance de cette position, que nous avions négligée jusque-là, firent des efforts inouïs pour nous en éloigner. Ils élevèrent des batteries, et construisirent en avant de la tour Malakof des embuscades qui incommodaient vivement nos travailleurs. Dans le mois de février et au commencement de mars, presque toutes les nuits il y eut des combats acharnés dans lesquels ces embuscades furent prises et reprises.

L'affaire la plus importante eut lieu dans la nuit du 23 février. Le général Bosquet avait conçu le projet d'attaquer un ouvrage de défense que les Russes avaient construit à mille mètres en avant des lignes françaises. Le général en chef, après avoir reconnu le terrain dans la journée, donna au général Bosquet l'autorisation d'effectuer cette espèce de sortie offensive.

Voici les dispositions qui furent prises pour cette attaque : un détachement du génie et un détachement d'artillerie, deux bataillons du 2me de zouaves, colonel Cler, et un bataillon du 4me régiment de marine, commandant Marmier, ayant à leur tête le général de brigade Monet, devaient envahir l'ouvrage élevé par les Russes ; deux bataillons des 6me et 10me de ligne formaient la réserve. L'ensemble était commandé par le général de division Mayran.

L'ouvrage russe était précédé de plusieurs embuscades présentant, au milieu de l'obscurité de la nuit, des obstacles dont il était difficile d'apprécier la position et la force. Les troupes chargées de l'attaque les abordèrent avec vigueur et les culbutèrent. Dans cette première attaque, le brave général Monet eut la main droite brisée par une balle ; il prit son épée de la main gauche.

Presque au même instant, des pots-à-feu lancés des remparts de la ville jetèrent une clarté subite sur le champ du combat. L'artillerie ennemie commença aussitôt des feux croisés, joints à des feux de pelotons et de bataillons placés en arrière des positions, et aux décharges des bâtiments embossés dans le port.

Le général Monet, jugeant la gravité de la position, s'élança à la tête des zouaves sur l'ouvrage, sous le feu de la mitraille et de la fusillade. Trois autres blessures atteignent le général Monet; il ne ralentit pas sa course, et ne cesse de crier : « En avant !... à la baïonnette ! » Nos soldats arrivent avec lui sur les retranchements ; les uns entrent par la gorge même de l'ouvrage ; les autres gravissent par les escarpements. C'est pendant quelques instants une mêlée terrible, un combat corps à corps. Par un malentendu qui fut fatal aux Russes, leur flotte, sans autre indication que la lumière projetée par les pots-à-feu, lançait une pluie de projectiles sur la mêlée ; mais presque tous atteignaient les bataillons russes, placés dans cette direction.

Enfin les Russes cédèrent le terrain ; nous étions maîtres de leurs travaux ; mais l'artillerie de la place, celle des bâtiments du port mieux dirigée qu'au commencement de l'action, les forces considérables qui nous menaçaient et nous fusillaient de toutes parts, rendaient la position intenable. Le général Monet ordonna la retraite, qui s'opéra en bon ordre, soutenue par le général de division Mayran, qui à cet effet était sorti des tranchées avec sa réserve.

Cette attaque, beaucoup plus meurtrière qu'on ne l'avait supposé, n'obtint pas tous les résultats qu'on s'en était promis. On peut même la considérer comme un échec ; car, si l'ennemi éprouva des pertes beaucoup plus considérables que les nôtres, si nous parvînmes à le refouler en dehors de ses retranchements et à l'inquiéter sérieusement dans ses travaux de défense, en définitive nous ne pûmes rester maîtres des positions que nous avions conquises, et qui étaient précisément le but de cette entreprise. Mais cette affaire n'en fut pas moins une des plus glorieuses

pour nos armes ; elle fit voir une fois de plus à l'ennemi notre supériorité dans l'action, et tout ce qu'il y a d'intelligente bravoure dans nos soldats. Aussi le général Osten-Sacken, en demandant au général Canrobert une suspension d'armes pour enterrer les morts, terminait ainsi la lettre qu'il lui adressait : « Je m'empresse de vous prévenir
« que vos braves soldats morts qui sont restés entre nos
« mains dans la nuit du 23, ont été inhumés avec tous
« les honneurs dus à leur intrépidité exemplaire. »

Et le général Canrobert, faisant allusion à cette phrase du général Osten-Sacken, s'exprimait ainsi dans son ordre du jour à l'armée : « Le général en chef remercie, au nom
« de l'empereur et de la France, les braves qui viennent
« de soutenir l'honneur de notre drapeau avec une si haute
« valeur, que nos ennemis eux-mêmes lui rendent hom-
« mage. »

Les jours suivants se passèrent sans incidents remarquables, si ce n'est quelques escarmouches insignifiantes, et toujours la profusion de bombes, d'obus, de boulets, de grenades, que la place envoyait d'une manière, il est vrai, moins soutenue que dans les commencements, mais comme par bourrasques, et avec des intervalles de silence plus ou moins prolongés. Puis ce qui donnait à nos soldats de l'entrain et de la gaieté, c'est que l'hiver tirait à sa fin. Déjà le soleil commençait à faire sentir sa chaleur bienfaisante; il y avait bien encore par-ci par-là quelques mauvais jours ; mais le temps devenait peu à peu plus beau, le ciel plus bleu, le soleil plus chaud, et la terre, partout où elle n'était pas labourée par les boulets et foulée par les pieds des hommes et des chevaux, commençait à se couvrir de gazon et à s'émailler de fleurs.

Tout à coup une nouvelle d'une haute gravité se répandit dans le camp. L'empereur Nicolas, le tzar de toutes les Russies, celui qui avait provoqué cette guerre meurtrière, venait de mourir. Cet événement fut annoncé par un vapeur anglais expédié de Varna à lord Raglan, et arrivé le 6 mars à Balaclava. Quoique cette nouvelle portât tous les caractères de la vraisemblance; qu'elle fixât la date de cette mort au 2 mars, à midi; qu'elle ajoutât que le fils aîné du tzar lui avait succédé sans opposition, sous le nom d'Alexandre II, elle rencontra un grand nombre d'incrédules. Enfin, le jour même ou le lendemain, elle fut confirmée par une dépêche de M. Drouyn de Lhuys, adressée au général Canrobert.

L'impression générale fut loin d'être dans l'armée ce qu'on la supposait en France. « Cette impression, dit un témoin oculaire, fut de l'inquiétude; on se demandait si cette mort subite et inattendue n'allait pas modifier les événements de la guerre et arrêter le siége. Car il faut bien se le dire, la prise de Sébastopol, c'était l'espérance brillante qui vivait dans toutes les pensées; c'était le courage contre les souffrances, c'était la résignation contre toutes les épreuves, contre toutes les fatigues, contre toutes ces morts qui frappaient et décimaient; c'était le foyer lumineux qui éclairait l'horizon et vivifiait tous les cœurs. Si un souffle subit fût venu l'éteindre, c'eût été une profonde douleur, une unanime amertume (1). »

Mais si notre armée ressentit cette inquiétude, elle ne fut pas de longue durée. Les Russes de Sébastopol, en apprenant la mort de leur empereur, ne modifièrent en rien

(1) *Cinq mois au camp devant Sébastopol*, par le baron de Bazancourt, p. 105.

leur manière d'agir avec nous. Canonnades et fusillades presque continuelles, tentatives de sorties presque toutes les nuits, telle fut leur manière d'inaugurer le nouveau règne, et de prouver d'ailleurs, comme l'avait déclaré dès le premier jour le manifeste d'Alexandre II, que le successeur de Nicolas se ferait un devoir et une obligation de suivre sans la modifier la politique de son père. Le seul changement que le nouveau règne apporta à l'armée de Crimée, fut d'en ôter le commandement au fameux prince Menschikof, l'ambassadeur fanfaron de Constantinople, le vaincu de l'Alma et d'Inkerman, pour le donner au prince Gortschakof.

Dans la nuit du 15 au 16 mars, l'ennemi tenta une sortie sur nos tranchées de gauche, et fut vivement repoussé. Voici sur cette affaire importante des détails intéressants, recueillis sur les lieux mêmes par l'écrivain que nous avons déjà cité.

« Vers les dix heures à peu près, à l'extrémité gauche de notre troisième parallèle, nos petits postes placés en avant des parallèles aperçurent des mouvements dans l'ombre, et entendirent, quoique bien faiblement, des bruits du côté du ravin; aussitôt, ne doutant pas que ce ne fût ou une attaque ou une reconnaissance, ils se replièrent en silence sur la parallèle et signalèrent l'arrivée des Russes; ceux-ci, en effet, dans la pensée de nous surprendre, s'étaient couchés à terre, et, rampant sur le sol, arrivaient lentement, afin de n'être ni vus ni entendus; mais nos soldats, prévenus par les sentinelles, s'étaient cachés, eux aussi, et immobiles, attentifs, les armes prêtes, l'œil aux aguets, retenant le souffle de leur respiration, écoutaient, attendaient.....

« Quelques précautions que prissent les Russes, on entendait par instants un bruit vague, imperceptible en toute autre circonstance, mais qui annonçait leur approche. Notre silence doublait leur confiance.

« Lorsqu'ils sont à trois ou quatre pas de nous, ils se redressent avec un *hourra* frénétique, selon leur habitude.

« Avant qu'ils aient pu même faire feu, une décharge à bout portant les reçoit, et renverse pêle-mêle les premiers rangs. Les plus hardis continuent, apparaissent sur la crête de nos ouvrages ; mais une seconde décharge, faite avec sang-froid et habileté, les assaille de nouveau.

« Quelques-uns, lancés en avant, roulent dans nos tranchées, où ils trouvent la mort ; les autres rétrogradent, rechargent leurs armes, puis reviennent. Une fusillade et un combat corps à corps s'engagent ; l'officier qui les commande est blessé dans la poitrine d'un coup de baïonnette, et tombe en notre pouvoir. Un instant ils essaient encore de se défendre, puis lâchent pied tout à coup en se dirigeant vers la ravin ; nos troupes, après les avoir suivis quelques pas, rentrent dans la parallèle. Alors la batterie de campagne n° 3 reçoit l'ordre de faire feu, et envoie dans le ravin quatre coups chargés à mitraille pour balayer à la fois l'ennemi qui se retire et les réserves (1). »

La légion étrangère et le 10me bataillon de chasseurs se distinguèrent dans cette affaire, qui n'était que le pré-

---

(1) *Cinq mois au camp devant Sébastopol*, par le baron de Bazancourt, p. 132-133.

lude d'une tentative bien autrement importante de la part des Russes.

L'inquiétude que causaient à l'ennemi nos ouvrages en avant de la tour Malakof, se manifestait chaque jour par de nouveaux efforts pour nous repousser de ce point, qui était le côté véritablement vulnérable de la place, malgré les travaux formidables accumulés par les Russes pour le défendre. Dans la journée du 17, et pendant les jours suivants jusqu'au 20, on remarqua, du haut de l'observatoire placé dans le camp des alliés, d'où l'on peut découvrir tout l'intérieur de Sébastopol, que de fortes colonnes de troupes étaient dirigées sur le ravin de la Karabelnaïa.

Ce mouvement de troupes pouvait faire craindre une forte attaque sur nos travaux de droite, en avant de la tour Malakof. Le général en chef, pour forcer l'ennemi à ne pas dégarnir ses autres points afin de porter toutes ses forces sur un seul, résolut de l'inquiéter sérieusement sur notre gauche par un feu de bombes et d'obus dirigé sur le bastion du Mât, le bastion Central et l'intérieur de la ville. Ce feu fut ouvert dans la soirée du 22 mars; mais, contre son ordinaire, la place ne répondit pas, et cependant nos projectiles avaient allumé deux incendies successifs sur deux points assez rapprochés, derrière le bastion Central. C'est que l'attention et les efforts des assiégés se portaient ailleurs.

Pendant que les incendies se propageaient dans Sébastopol, et que le bastion du Mât et le bastion Central recevaient sans riposter nos fusées et nos bombes, l'ennemi attaquait avec des forces considérables notre tranchée de droite creusée devant le *Mamelon Vert*, situé en avant de la tour Malakof. Deux fortes colonnes russes, formant ensemble une dizaine de mille hommes, se portèrent en avant pour attaquer la parallèle et la tête de sape. Alors commença une lutte acharnée qui dura plusieurs heures, lutte à coups de fusils, à coups de baïonnettes, à coups de crosses et même à coups de pierres. Trois fois l'ennemi revint à la charge; trois fois il lâcha pied, et laissa en se retirant une longue traînée de morts. Enfin il paraissait disposé à la retraite, lorsque tout à coup, soit hasard, soit inspiration, il se précipita du côté de la portion de droite de la parallèle anglaise qui se reliait avec celle des Français, et qui n'était pas suffisamment occupée. Les Russes y pénétrèrent en effet, et de là ouvrirent sur nous un feu qui nous prenait de flanc et par derrière. Mais bientôt deux compagnies de réserve du 11me léger et des Anglais en nombre suffisant accoururent, s'élancèrent sur les Russes, et les refoulèrent dans le ravin, où ils furent décimés à leur tour par nos feux croisés.

Les Russes eurent dans cette affaire dix-huit cents à deux mille hommes hors de combat; les alliés en eurent environ quatre cents. On eut à regretter la perte du chef de bataillon du génie Dumas, frappé en pleine poitrine d'un coup de baïonnette, à la tête de sape. Le colonel Janin, du 1er de zouaves, eut la joue traversée d'une balle, et de plus deux fortes contusions à la tête, causées par des coups de pierres. Les corps qui prirent la part la plus active à ce combat furent le 3me de zouaves et le 11me léger.

L'affaire de la nuit du 22 au 23 mars, la plus sanglante depuis la bataille d'Inkerman, a, sous plusieurs rapports, de l'analogie avec elle, bien qu'elle n'ait pas eu les mêmes proportions. Les colonnes russes renfermaient plusieurs bataillons composés d'hommes de bonne volonté, à qui l'on avait fait croire qu'ils allaient porter le coup décisif. Parmi eux se trouvait un bataillon de volontaires grecs, qui ne fut pas le moins maltraité.

CHAPITRE X

Le jour de Pâques au camp. — Bombardement du 9 avril. — Il se prolonge pendant plusieurs jours. — Enlèvement de plusieurs embuscades. — En quoi consistaient ces embuscades. — Blessure et mort du général Bizot. — Explosion d'une mine de vingt-cinq mille kilogrammes de poudre. — Les *entonnoirs*. — Travail de la tranchée. — Description de ce travail. — Funérailles du général Bizot. — Belles paroles du général Canrobert. — Suite du bombardement du 9 avril. — On resserre de plus en plus les approches. — Retour d'Omer-Pacha à Eupatoria. — Revue passée par le général Canrobert. — Bonne tenue des troupes. — Attaque dans la nuit du 1er au 2 mai. — Enlèvement d'embuscades et d'ouvrages avancés pris sur les Russes. — Prise de neuf mortiers à bras. — Forte sortie des Russes pour reprendre cet ouvrage. — Ils sont repoussés. — Démission du général Canrobert du commandement en chef de l'armée. — Honorables sentiments de ce général. — Son ordre du jour à l'armée.

Les quinze jours qui suivirent l'affaire du 23 mars se passèrent, sinon dans le repos, au moins dans une sorte de calme relatif. Du côté des alliés, de grands préparatifs se faisaient pour un nouveau bombardement, et les Russes, de leur côté, complétaient leurs moyens de défense. Le jour de Pâques, 8 avril, nos dernières batteries étaient armées, toutes nos bouches à feu étaient prêtes, les magasins à poudre remplis, les approvisionnements terminés ; on n'attendait plus que le signal.

Le général Osten-Sacken avait fait demander une suspension d'armes pour ce jour solennel; mais de toutes parts nos travaux enveloppaient de si près la place, que le général Canrobert ne crut pas devoir accéder à cette demande, qui aurait pu entraîner de graves inconvénients. Du reste, s'il n'y eut pas d'armistice officiel, dans le fait on ne se battit pas, et les troupes de garde de part et d'autre passèrent la journée à s'observer, l'arme au bras.

Dans le camp, la solennité du jour fut célébrée avec toute la pompe militaire et religieuse que comportait la situation. Un autel avait été élevé en plein air, au centre de chaque division, et l'aumônier célébra la messe au milieu des troupes rangées en bataille et au son d'une musique guerrière. « Chacun était recueilli, dit l'écrivain que nous avons déjà cité, et les lèvres suivaient en les répétant les paroles prononcées par le prêtre. C'est qu'ici, si près de la mort, c'est-à-dire si près de Dieu, la pensée de l'homme s'élève vers le Créateur; il sent que toute sa force vient d'en haut, et pour être calme devant le péril, inébranlable dans les épreuves, résigné devant les souffrances, il sent qu'il a besoin de prier (1). »

Dans la nuit du 8 au 9, les ordres furent donnés pour ouvrir le feu sur toute la ligne contre la ville. Le lundi matin, à cinq heures précises, les premiers coups de canon partirent du centre; puis toutes les bouches à feu des attaques de droite et de gauche répondirent simultanément à ce signal. Malheureusement, le beau temps qui avait régné les jours précédents cessa cette nuit même; la pluie tombait fine et serrée, le vent soufflait avec violence.

(1) *Cinq mois au camp devant Sébastopol*, p. 103.

La place, surprise par ce réveil inattendu, resta près d'un quart d'heure sans répondre ; puis de tous ses bastions, de toutes ses batteries de terre et de mer, partirent des détonations épouvantables. A notre attaque de gauche, de la Quarantaine au bastion du Mât, nous avions trois cents bouches à feu ; notre attaque de droite en comptait soixante-douze ; les Anglais en avaient cent quarante et une. A ces cinq cents et quelques bouches à feu l'ennemi en opposait un nombre plus considérable encore ; ainsi l'on peut juger de l'effroyable vacarme que devaient causer les décharges incessantes de cette formidable artillerie.

C'était au bastion du Mât et au bastion Central que se concentraient tous les efforts. Le feu des Russes, quoique bien nourri, nous causait peu de dommage. Seulement la batterie n° 28 eut beaucoup à souffrir, et le lieutenant Brillant y fut coupé en deux par un boulet. Le 10, nos batteries continuèrent leur feu, et causèrent des dégâts marqués au bastion Central, aux batteries de seconde ligne qui s'y relient et au bastion du Mât. Dans la nuit du 10 au 11, trois embuscades russes, qui eussent gêné les travaux que devait faire exécuter le génie, furent enlevées avec cet élan irrésistible que mettent nos troupes dans leur attaque. Les Russes s'avancèrent en nombre pour les reprendre ; ils furent forcés de se retirer devant un feu nourri de mousqueterie.

Il est à propos de faire connaître ici la nature de ces embuscades que les Russes établissaient de côté et d'autre avec une incroyable activité. Nous en trouvons la description dans l'ouvrage que nous avons déjà cité.

« Il y a plusieurs sortes d'embuscades. Quelques-unes

sont simplement des trous de loup, c'est-à-dire des trous assez profondément creusés en terre pour y placer quelques hommes, que protégent contre nos tireurs des pierres entassées, au milieu desquelles sont pratiquées de petites embrasures. D'autres sont de véritables murailles élevées en avant de nos tranchées, solidement construites et percées d'embrasures ; un fossé profond est pratiqué par derrière avec des gradins de fusillade. Vingt-cinq ou trente hommes peuvent facilement s'y abriter, et entretenir toute la journée un feu nourri. Certes, c'est par ces embuscades que les Russes nous ont fait le plus de mal. Elles apparaissent comme par enchantement sur le sol, semées sur tous les points, audacieuses, infatigables ; détruites aujourd'hui, elles reparaissent demain, et chaque nuit qui s'écoule semble une rosée vivifiante qui les agrandit et les fortifie. »

C'étaient des embuscades de ce dernier genre que nous avions détruites. La nuit suivante, l'ennemi les ayant rétablies, il fallut l'en déloger. Au premier élan de nos troupes, l'ennemi les abandonna comme toujours, après avoir fait supporter aux assaillants une première décharge. Quelques-unes de ces embuscades furent détruites ; les autres, comprises dans l'intérieur de notre tracé, furent conservées, et firent partie de la nouvelle ligne que nous tracions au milieu du fracas de l'artillerie. Les Russes revinrent en plus grand nombre pour reprendre cette position, et tombèrent à l'improviste sur le 46me de ligne, qui gardait nos travailleurs. Mais ce régiment soutint vigoureusement l'attaque, et ses voltigeurs, chargeant à la baïonnette, sans tirer un coup de fusil, repoussèrent l'ennemi. Pendant ce temps-là, nos batteries envoyèrent, dans le ravin où se tenaient les bataillons de renforts ennemis, des salves de bombes qui durent leur causer de grands dommages.

Dans la journée du 12, le général de division du génie Bizot fut blessé mortellement, en visitant les tranchées anglaises en compagnie du général Niel. C'est lui qui depuis le premier jour dirigeait les travaux du siége avec une infatigable énergie. Il mourut trois jours après des suites de sa blessure. C'était une perte bien douloureuse, dont l'armée ne sentit peut-être pas toute la gravité au milieu des préoccupations de cette longue bataille (car quel autre nom que celui de bataille peut-on donner à cette série de combats qui durèrent depuis le 9 jusqu'au 16 avril?).

Dans la nuit du 12 au 13, il y eut de très-vifs engagements pour enlever de nouvelles embuscades établies par les Russes. Trois fois l'ennemi revint à la charge pour les reprendre, trois fois il fut repoussé, et l'on resta maître du terrain, ce qui permit d'achever la quatrième parallèle. Ces embuscades étaient au nombre de douze ou treize ; elles étaient placées à cinquante ou soixante mètres de notre parallèle la plus avancée, et de très-habiles tireurs, placés derrière, entretenaient nuit et jour une fusillade meurtrière contre nos travailleurs et nos soldats. Un grand nombre de tonneaux, de sacs à terre, d'outils trouvés sur les lieux, ont fait connaître la pensée des Russes, qui allaient relier entre elles toutes ces embuscades, et en faire un front bastionné. Cette action énergique les a intimidés à tel point, que le lendemain ils n'ont, pour ainsi dire, pas inquiété nos travaux de cheminement, qui se sont faits sans encombre.

Dans la journée du 15, on se prépara à faire jouer une mine énorme creusée à soixante mètres du bastion du Mât.

Cette mine contenait seize fourneaux, et était chargée de vingt-cinq mille kilogrammes de poudre. L'explosion eut lieu à huit heures et quart du soir. Elle produisit au loin, dans les tranchées et dans la ville, l'effet d'un fort tremblement de terre. Les Russes, croyant à une attaque générale, commencèrent aussitôt des remparts et des ouvrages avancés un feu terrible d'artillerie et de mousqueterie. Les bombes, les obus, les paniers de grenade criblaient l'air dans tous les sens, et éclairaient l'horizon; mais les coups de l'ennemi étaient portés au hasard et dans la direction où il supposait qu'étaient formées les colonnes d'assaut; aussi tout ce fracas ne produisit presque aucun effet. Cependant nos ingénieurs avaient habilement profité du résultat produit par l'explosion de la mine. Elle avait formé plusieurs fossés profonds, appelés *entonnoirs* en terme technique; deux compagnies d'élite du 39me ont occupé ces entonnoirs, et s'y sont logées. On travailla aussitôt à relier la droite de la troisième parallèle de la tranchée avec les fossés de l'explosion; mais ce travail était difficile, en raison de la qualité rocheuse du terrain. Au point du jour il fallut abandonner les points qui n'avaient pu être reliés entre eux; mais la nuit suivante le travail fut repris avec ardeur et enfin terminé.

Pour se faire une idée des difficultés que présentait un pareil travail et du courage qu'il faut pour l'exécuter, nous citerons la description qu'en fait M. de Bazancourt.

« C'est, dit-il, une œuvre de géants, qui ne peut être exécutée que par des cœurs de bronze. Il faut avoir l'âme rudement trempée pour s'avancer ainsi à soixante-dix mètres d'un ouvrage hérissé de batteries fumantes, et dont les gueules ouvertes vomissent incessamment le fer et le feu.

« Figurez-vous de pauvres soldats se traînant à terre, sur un sol rocailleux, derrière un gabion, faible et inutile abri ! Ce gabion, ils le posent ; puis des sacs de terre se passent de mains en mains, et là, toujours accroupis, illuminés par les feux de l'ennemi et par les pots enflammés, qui répandent soudainement des lueurs étranges, ils jettent un à un ces sacs remplis de terre dans les gabions, et cherchent ensuite à creuser le sol ingrat qui résiste sous les pioches qui le frappent. Parfois un faible cri se fait entendre : c'est un corps qui tombe et deux bras qui cessent de travailler.

« Oh ! la guerre de siége est une vilaine guerre ! Elle n'a pas la belle poésie d'une bataille qu'éclaire le soleil : on ne voit pas devant soi reluire les poitrines ennemies ; on ne marche pas la tête levée, le bras haut, le cœur bondissant ; c'est la guerre de la nuit, la guerre des surprises, la guerre des embuscades ; on s'accroupit derrière des terres amoncelées, on se courbe pour passer le long des épaulements écrêtés par les projectiles ennemis, on regarde à travers d'étroits créneaux. Et puis, après des mois de travaux incessants, après des jours et des nuits d'attente, lorsque le moment de se voir face à face va venir enfin !... une balle, une balle obscure, inconnue, tirée au hasard, sans but, arrive et vous frappe à la tête, comme elle a frappé ce digne et brave général Bizot. Mais aussi que l'heure du triomphe est une heure grande et solennelle, et que l'on oublie vite les souffrances et les épreuves passées (1) ! »

Nous venons de nommer le général Bizot ; c'est ici le lieu de parler des obsèques qui lui furent faites le 16 avril,

---

(1) *Cinq mois au camp devant Sébastopol*, p. 233-234.

le lendemain de sa mort, quand la canonnade ouverte depuis six jours commençait un peu à s'apaiser.

Tous les généraux français, anglais et turcs, assistaient à la cérémonie funèbre. L'amiral Bruat s'y était rendu avec tout son état-major. Le général Canrobert, lord Raglan et Omer-Pacha, marchaient derrière le cercueil; venaient ensuite les généraux Bosquet, Pélissier, Niel, Mayran, Dulac, etc. etc. Les soldats du génie entouraient silencieusement l'espace où devait être célébré le service funèbre. Au milieu de cette foule c'était un silence triste et grave qui impressionnait vivement. Au loin le canon tonnait et les fusées sillonnaient le ciel; amis et ennemis saluaient ainsi des salves de leur artillerie l'intrépide soldat dont notre armée déplorait la perte.

Le service fut célébré par l'aumônier de l'état-major, dans une cabane qui servait de chapelle, et qui avait été décorée avec soin par cet ecclésiastique pour la cérémonie. Puis de cette cabane sortirent deux corps portés par les soldats du génie; le premier était celui du général Bizot avec son uniforme, son épée, son chapeau, sa croix de commandeur; l'autre, celui du commandant Masson, également du génie, mort le même jour d'une blessure reçue aussi dans la tranchée.

« C'était une cérémonie triste et solennelle que celle de ce double enterrement, le chef et son lieutenant, tous deux estimés, tous deux regrettés; le drame était digne du théâtre : c'était au milieu de ces camps, de cet appareil de guerre, de ce bruit du combat, de ces soldats assemblés, de ces trois armées unies, pour ainsi dire, sous le même deuil. »

Quand les corps eurent été déposés dans la fosse, quand

le prêtre eut récité la sublime et touchante prière du *De profundis*, et prononcé ces dernières paroles : *Qu'ils reposent en paix!* le général Canrobert, les généraux d'artillerie et du génie, vinrent, chacun à leur tour, jeter de l'eau bénite, en faisant le signe de la croix, sur les cercueils que la terre allait recouvrir. Lord Raglan et les généraux anglais, Omer-Pacha et l'amiral de la flotte ottomane, se joignirent aux généraux français, et prenant de leurs mains le goupillon humecté d'eau bénite, protestants et mahométans, rendirent ce dernier hommage religieux à la mémoire de deux guerriers catholiques morts en braves soldats et en héros chrétiens.

Les généraux Niel, Pélissier et Canrobert prirent successivement la parole, et retracèrent avec chaleur les titres de leurs compagnons d'armes à l'estime et aux regrets de l'armée. Le général Canrobert termina son allocution par ces paroles remarquables, prononcées avec un élan de cœur et une énergie qu'il serait impossible d'exprimer :
« C'est justement parce que Bizot était un noble caractère,
« donnant à tous, chaque jour, le modèle du courage,
« du devoir accompli sans relâche, du dévouement, de
« l'abnégation; c'est parce que Bizot avait toutes les vertus
« et les mâles qualités, que Dieu, dans sa justice infinie,
« lui a accordé le suprême honneur de tomber en soldat
« sur la brèche, en face de l'ennemi. »

« A ces mots, une profonde émotion s'empara du cœur de chacun; soldats et chefs relevèrent la tête, s'associant ainsi, par l'élan de leur âme, à cette belle et énergique pensée (1). »

---

(1) M. de Bazancourt, *ibid.*

Chacun se retira ensuite silencieusement pour reprendre son poste de combat.

La canonnade ouverte depuis le 9 avril n'avait pas produit les résultats que beaucoup de monde en avait espérés. Nulle part nous n'avions fait une brèche assez praticable pour pouvoir tenter un assaut. Les dégâts causés sur plusieurs points aux bastions ennemis avaient été promptement réparés ; les pièces démontées par nos batteries avaient été remplacées par d'autres avec une prodigieuse rapidité ; de nouveaux travaux de défense avaient même été élevés, et grandissaient en proportion de l'imminence de nos attaques. Au lieu de pouvoir enlever de vive force, comme nous l'avions espéré, soit le bastion Central, soit le bastion du Mât, soit toute autre position importante, il fallait recommencer le travail des approches, creuser de nouvelles tranchées et ouvrir une nouvelle parallèle qui nous permît de resserrer l'ennemi encore de plus près. Déjà ce travail immense, et devenu chaque jour plus dangereux à mesure qu'il avançait, avait été commencé pendant le bombardement, et après l'explosion de la mine dont nous avons parlé ; il se continua sans relâche au milieu de combats incessants et de plus en plus meurtriers. De leur côté, les Russes employaient les jours et les nuits à se fortifier, convaincus qu'ils ne pourraient nous résister si une fois nous les approchions. Aussi multipliaient-ils les fossés, les trous de loup, les abatis, les embuscades, les obstacles de toute espèce. Et cependant nous approchions, nous approchions sans cesse, tantôt en enlevant des embuscades, comblant des fossés, mais marquant chacun de nos pas par un combat et des traces de sang. Il serait trop long et trop monotone de raconter ces combats de chaque jour ou plutôt de chaque nuit, qui se ressemblaient presque tous, et dont nous avons déjà fait la description.

Le 20 avril, Omer-Pacha, qui était venu d'Eupatoria avec une partie de son armée pour assister à l'attaque du 9 et seconder les troupes anglo-françaises, repartit pour Eupatoria, où sa présence était jugée nécessaire.

Le 26 et le 27, le général Canrobert passa la revue du premier et du deuxième corps de l'armée. Après une campagne aussi laborieuse, après six mois d'un siége pénible, après tant de fatigues et de combats supportés au milieu des rigueurs de l'hiver, on pouvait s'attendre à voir un certain désordre, un délabrement même dans les vêtements de nos soldats, surtout après les récits que quelques journaux s'étaient plu à faire ; loin de là, l'aspect de toute l'armée était magnifique et la tenue des troupes irréprochable. Lord Raglan, et lord Radcliffe, ambassadeur anglais à Constantinople, qui tous deux assistaient à la revue, en firent la remarque, et en complimentèrent le général Canrobert, tout en lui manifestant leur admiration pour l'air martial et résolu peint sur la physionomie de nos soldats.

Après la revue, le général Canrobert réunit les officiers de chaque division et leur dit : « Remerciez vos braves soldats au nom de la France, au nom de l'empereur. Dites-leur que lorsque la France et l'Angleterre réunies mordent quelque part, elles enlèvent le morceau. Dites-leur aussi que dans douze à quinze jours, trente-cinq à quarante mille de leurs compagnons, de leurs frères d'armes, viendront prendre part à leur gloire, à leurs fatigues ; alors nous irons frapper à la porte ou à la fenêtre de Sébastopol, et il faudra bien que l'une ou l'autre s'ouvre. »

Deux jours après cette revue, une affaire sérieuse eut lieu en avant du bastion Central. Les Russes avaient élevé à cent mètres de nos parallèles un ouvrage important. Cet ouvrage, formé du reliement de plusieurs embuscades, se composait de deux lignes brisées, séparées par un intervalle de quarante mètres, et dont les extrémités s'appuyaient à des obstacles naturels de terrain ; il communiquait avec le bastion Central par une tranchée profonde, et déjà il avait reçu un armement de neuf mortiers à bras, dont le tir incommodait sérieusement les travaux du siége. Des travaux considérables s'y exécutaient pour préparer l'emplacement de batteries dont le feu aurait ruiné une des batteries récemment achevées, ainsi que les travaux qui l'entouraient, et aurait battu d'enfilade les attaques françaises sur le bastion du Mât. Il fallait donc à tout prix empêcher les Russes de s'établir définitivement dans cette place d'armes; mais, placés sous les feux croisés des deux bastions, pourrions-nous nous y maintenir, en admettant que nos vaillantes troupes eussent enlevé cette position sous une pluie de mitraille?

Cette attaque offrait tant de difficultés, que les avis étaient partagés, non sur son opportunité, mais sur la possibilité d'un succès. Pendant deux jours on tint des conférences chez le général Pélissier, commandant le premier corps. Le général Canrobert, avare du sang des soldats, voulait ne faire enlever cet ouvrage qu'après l'arrivée des renforts ; le général Pélissier était d'un avis contraire. Les Russes décidèrent la question. On les voyait travailler sans relâche la nuit et le jour; encore quelque temps, et l'entreprise eût été impossible, même avec les renforts qu'on attendait. Il fallait donc agir sans retard, et le général Pélissier reçut le 1ᵉʳ mai, à une heure, l'autorisation de faire enlever ces positions. Aussitôt tous les préparatifs furent faits pour que cette audacieuse entreprise eût lieu le soir même.

La direction de l'opération fut confiée au général de Salles, qui avait sous ses ordres les généraux Bazaine, de la Motte-Rouge, Rivet, et le major de tranchées, lieutenant-colonel Raoult.

A dix heures du soir, et au moment où la lune, éclairant très-vivement, permettait d'opérer avec ordre, les troupes, disposées en trois colonnes, quittèrent les parallèles. La colonne de gauche avait pour mission de tourner par sa droite l'ouvrage, qui était défendu par plusieurs bataillons. Conduites avec beaucoup d'habileté et de vigueur par le général Bazaine, ces troupes abordèrent l'ennemi avec un irrésistible élan. La colonne du centre, aux ordres du général de la Motte-Rouge, se porta sans tirer un coup de fusil sur l'ouvrage, qu'elle aborda de front, et se précipita résolûment à la baïonnette sur l'ennemi. Enfin, la colonne de droite enleva l'ouvrage par sa gauche.

Chassé de partout et poursuivi à la baïonnette, l'ennemi abandonna l'ouvrage et se retira en désordre dans la place, semant de cadavres le terrain qu'il parcourait, et laissant entre les mains des vainqueurs des prisonniers et des armes, entre autres les neuf mortiers à bras dont il avait déjà armé l'ouvrage. A peine fut-il occupé, que l'œuvre du génie commença, pour retourner les parapets, dérober la position aux vues de la place, et enfin la relier par une communication avec la parallèle en arrière. Ces travaux furent exécutés avec un courage et un sang-froid admirables, sous un feu d'artillerie comme aucune place n'en a certainement jamais fourni. Les travailleurs à l'œuvre, les troupes, les tranchées en arrière, étaient littéralement couverts d'une grêle de mitraille et de projectiles de toutes sortes. Heureusement que le tir des Russes, en raison de l'obscurité de la nuit, ne pouvait être réglé; leur point de mire était la ligne de l'horizon, et les projectiles sifflaient au-dessus des têtes sans atteindre beaucoup de monde.

L'intensité de cette canonnade était telle, que le général Niel disait le lendemain que, depuis l'invention de l'artillerie, il ne croyait pas qu'il y ait eu, sur un seul et même point, un feu semblable, aussi terrible, aussi foudroyant (1). Malgré le feu de l'ennemi, le travail put être continué jusqu'au jour, et la possession de l'ouvrage fut définitivement acquise aux assiégeants.

(1) Si telle était l'impression produite sur des hommes de guerre, on conçoit ce que devaient éprouver ceux qui n'étaient pas accoutumés à de pareils spectacles. Voici à ce propos une anecdote racontée par M. de Bazancourt. « Lord Radcliffe, qui se trouvait encore au camp, avait accompagné, le soir du combat, le général en chef au grand observatoire (monticule élevé d'où l'on découvre tout Sébastopol). — La figure de l'ambassadeur anglais est ordinairement impassible, soucieuse peut-être plutôt que pensive, ne reflétant rien, au dehors, de la vie de l'intelligence et du cœur, véritable figure de diplomate enfin. — Lorsqu'il entendit ces effroyables détonations de l'artillerie et le long déchirement des feux de mousqueterie; lorsqu'il vit ces éclairs sinistres, ces longs réseaux de feux, cet incendie de l'horizon éteint et rallumé cent fois, il fut saisi de terreur devant ce cruel spectacle. « Mon Dieu! s'écria-« t-il, il n'en réchappera pas un seul. — Assez, Milord, répondit le « général, pour s'emparer de la position des Russes et s'y maintenir. » (Le baron de Bazancourt, *Cinq mois au camp devant Sébastopol*, page 269.)

Le lendemain, 2 mai, à trois heures de l'après-midi, une colonne russe d'environ trois mille hommes fit brusquement une sortie sur l'ouvrage que l'on venait de conquérir, et dont les défenses étaient encore fort imparfaites. Nos troupes chargées de la garde de la position repoussèrent énergiquement l'attaque de l'ennemi, qui bientôt, pris en flanc par les voltigeurs de la garde impériale, par une compagnie du 10ᵉ chasseurs et par deux compagnies du 80ᵉ de ligne, fut mis complétement en déroute. Les Russes firent encore inutilement plusieurs tentatives, et se décidèrent enfin à la retraite, abandonnant sur le terrain un grand nombre de morts. L'artillerie de la place n'avait cessé de protéger par un feu très-vif les efforts des assaillants; mais celui des batteries françaises s'était ouvert à son tour, et, après une lutte persistante, avait dominé le feu de l'ennemi.

Cette brillante affaire consacra l'établissement des troupes françaises dans l'ouvrage conquis. Nos pertes, dans ces deux engagements de nuit et de jour, s'élevèrent à six cent cinquante hommes tués ou blessés. Ce succès fit avancer d'un seul bond de cent cinquante mètres les assiégeants vers le bastion Central, et exerça une grande influence sur le moral des deux armées.

A la suite de cette glorieuse affaire, le général Canrobert, dont la santé était gravement compromise, qui avait reçu plusieurs blessures et qui souffrait surtout d'une ophthalmie, se résigna à quitter le commandement en chef, qu'il remit, avec l'agrément de l'empereur, au général Pélissier. Le général Canrobert avait demandé à rester au siége à la tête d'une simple division; d'après l'ordre de l'empereur, il prit la place du général Pélissier comme commandant du premier corps d'armée. Bientôt sa santé ne lui permit pas de supporter plus longtemps les fatigues de la guerre, et il fut forcé de revenir en France, où le gouvernement, en l'élevant à la dignité de sénateur et en lui confiant une mission de la plus haute importance, témoignait toute l'estime qu'il faisait de son noble caractère et de ses grandes capacités. N'importe, tous les honneurs et toutes les dignités semblent ne pouvoir compenser la douleur que dut éprouver le soldat intrépide, le vaillant capitaine, lorsqu'il lui fallut résigner à un autre le commandement de cette belle armée, et la gloire du dernier succès ; lorsqu'il lui fallut, comme un autre Moïse, se contenter de voir de loin la Terre promise sans pouvoir y entrer, et laisser à son successeur l'honneur de la conquérir. Cependant, ne nous hâtons pas de juger le général Canrobert d'après ces idées, qui paraissent au premier abord si naturelles. Le vainqueur d'Inkerman a le cœur trop haut placé pour être touché par ce qui ferait impression sur des esprits vulgaires. Il met avant les jouissances personnelles de l'amour-propre l'intérêt de la patrie et la satisfaction que procure l'accomplissement d'un devoir. Nous n'en voulons d'autres preuves que ces paroles qu'il adressait à M. le baron de Bazancourt, dans une conversation intime tenue deux mois avant de se démettre de ses fonctions. Après avoir parlé de l'impatience que causaient à Paris les lenteurs du siége de Sébastopol, il ajouta : « L'opinion publique est une indiscrète ; la guerre ne se fait pas sur le papier, et pour le bon plaisir des amateurs de nouvelles ou des joueurs de bourse. C'est bien facile de dire : On aurait pu faire ceci, on aurait pu faire cela. Oui, *peut-être ;* mais si l'on n'avait pas réussi, demandez à ces messieurs ce qu'ils auraient dit... Il faut tout prévoir, quand on a l'honneur de commander à d'aussi intrépides soldats, et que l'on tient dans ses mains d'aussi graves intérêts; la vie d'un de ces hommes-là, quand on les connaît comme je les connais, vaut un trésor... Oui, je voudrais qu'on envoyât ici toutes les lumières dont s'honore la France, et je suis heureux, très-heureux, de l'arrivée du général Niel, une grande capacité, une grande illustration. Croyez-le bien, pour peu que l'on ait pour *trois sous d'honneur dans le cœur, les individualités, quelles qu'elles soient, disparaissent complètement devant des questions de cette nature, le vain amour-propre personnel s'efface; on ne songe qu'au bien de tous, à la gloire, à l'intérêt du pays; voilà ce que je vois, voilà ce que je comprends, voilà ce que je cherche.* Tenez, si ma sentinelle qui est là venait me dire : Mon général, je suis sûr de prendre la ville dans une heure, je lui répondrais : Va, mon garçon, prends mon chapeau blanc, et donne-moi ton fusil, je monterai la garde à ta place; et puis après, voyez-vous, je crierais bien haut que c'est lui qui l'a prise (1). » De telles paroles n'ont pas besoin de commentaire, et elles expliquent de la manière la plus honorable le motif qui a déterminé le général Canrobert à résigner le commandement suprême. Voici en quels termes il annonça à l'armée sa démission et la promotion de son successeur :

« Soldats, le général Pélissier, commandant le premier corps, prend, à dater de ce jour, le commandement en chef de l'armée d'Orient.

« L'empereur, en mettant à votre tête un général habi-

---

(1) *Cinq mois au camp devant Sébastopol*, pages 88 et 89.

tué aux grands commandements, vieilli dans la guerre et dans les camps, a voulu vous donner une nouvelle preuve de sa sollicitude, et préparer encore davantage les succès qui attendent sous peu, croyez-le bien, votre énergique persévérance.

« En descendant de la position élevée où les circonstances et la volonté du souverain m'avaient placé, et où vous m'avez soutenu, au milieu des plus rudes épreuves, par vos vertus guerrières et ce dévouement confiant dont vous n'avez cessé de m'honorer, je ne me sépare pas de vous. Le bonheur de partager de plus près vos glorieuses fatigues, vos nobles travaux, m'a été accordé, et c'est encore ensemble que, sous l'habile et ferme direction du nouveau général en chef, nous continuerons à combattre pour la France et pour l'empereur.

« Au grand quartier général devant Sébastopol, le 19 mai 1855.

« Le général en chef, Canrobert. »

CHAPITRE XI

Le général Pélissier est appelé au commandement de l'armée en remplacement du général Canrobert. — Affaires des 22 au 23, et des 23 au 24 mai. — Grande reconnaissance dans la vallée de la Tchernaïa. — But et effet de cette reconnaissance. — Expédition dans la mer d'Azof. — Occupation de Kertch et d'Iénikalé. — Importance de cette expédition. — Nouvel aspect que présente le siége. — Affaire du 7 juin. — Attaque et prise du Mamelon-Vert, des ouvrages Blancs, et des Carrières. — Attaque du 18 juin. — Elle est repoussée. — Reprise des travaux d'approche contre Malakof et le grand redan. — Mort de lord Raglan. — Son remplacement par le général Simpson. — Reconnaissance dans la vallée de Baïdar. — Tentative infructueuse des Russes contre le Mamelon-Vert, dans la nuit du 14 au 15 juillet. — Sorties également infructueuses du 16 au 17, et du 23 au 24. — Mort de l'amiral Nachimof.

La douleur de l'armée fut vive en apprenant la détermination du général Canrobert, car chaque soldat l'aimait parce qu'il savait qu'il en était aimé ; mais les préoccupations de la guerre vinrent bientôt faire diversion à cette douleur, et l'activité du nouveau général en chef, les succès qui signalèrent les premiers jours de son commandement, leur faisaient entrevoir, dans un terme rapproché, le triomphe de tant de fatigues et d'efforts.

Dans les nuits du 22 au 23, et du 23 au 24 mai, les Russes furent chassés des ouvrages formidables qu'ils occupaient auprès du bastion Central, et les Français s'y établirent. Ces engagements, qui, suivant les expressions du général Pélissier, eurent les proportions d'une bataille, furent très-meurtriers. Dans la première nuit, où nous avions douze mille hommes engagés, la position des Russes fut prise et reprise jusqu'à trois fois. Nous eûmes, dans ces deux affaires, près de deux mille hommes hors de combat. Le régiment des voltigeurs de la garde compta à lui seul sept cents hommes tués et blessés; ses trois chefs de bataillons furent blessés. La perte des Russes s'éleva à plus de cinq mille hommes, tant tués que blessés.

Cette affaire terminée, l'armée alliée fit une grande reconnaissance dans la vallée de la Tchernaïa pour rejeter l'ennemi vers la montagne. Le 26 mai, une heure avant le jour, deux divisions du second corps, les première et cinquième, sous les ordres du général Canrobert, descendirent silencieusement dans la vallée, en même temps que la cavalerie commandée par le général Morris. Elles se massèrent en avant des redoutes de Balaclava. Peu d'instants après arriva le général Pélissier; il lança immédiatement les zouaves et les chasseurs à pied, déployés en tirailleurs, pour marcher sur la Tchernaïa et la traverser vers le point où elle se bifurque en sortant de la gorge des montagnes Vernoutka. En même temps il dirigeait une colonne pour tourner l'ennemi par la droite. En arrière, les Piémontais, récemment débarqués (1), et une division anglaise, arrivaient de Bala-

(1) Le gouvernement sarde, jaloux de s'unir aux puissances occidentales dans l'œuvre qu'elles poursuivent, après avoir signé une alliance offensive et défensive avec elles, et déclaré la guerre à la Russie, a

clava avec toute la cavalerie et l'artillerie. Vingt mille Turcs suivaient de près : ils se massèrent en première réserve, envoyant seulement une forte colonne en avant du village de Camara, pour appuyer la droite française. Enfin, sur le plateau que traverse la route de Kamiesch à Balaclava, près Karanie, venait comme seconde réserve la garde impériale, composée des zouaves, des grenadiers, de l'artillerie et du bataillon de chasseurs à pied. Le mouvement commencé, les troupes se portèrent vivement en avant ; à trois heures du matin, les zouaves et les chasseurs à pied, auxquels s'étaient joints plusieurs bataillons piémontais, surprirent les avant-postes russes et entrèrent dans la Tchernaïa, où ils enfonçaient dans la vase jusqu'au-dessus du genou. Si le jour eût permis aux Russes de les apercevoir, les tirailleurs, à demi embourbés, auraient été d'autant plus exposés qu'il y avait en face une assez forte batterie d'artillerie. Heureusement elle n'ouvrit son feu que lorsque nos intrépides soldats eurent gagné la rive opposée. Enlever la batterie et tuer les artilleurs fut l'affaire d'un instant. L'ennemi se hâta de battre en retraite, emmenant tout ce qu'il pouvait de son artillerie. La colonne lancée par la droite débouchait sur la rivière au même moment, et la traversait. Bientôt les collines furent couvertes de tirailleurs, poursuivant vivement l'ennemi, qui ne cessait de se replier vers les formidables positions qu'il occupait depuis le commencement du siége sur les hauteurs de Mackensie et des environs. Dans leur ardeur, les soldats français s'avancèrent jusqu'à petite

voulu concourir à l'expédition de Crimée par un contingent de vingt-cinq mille hommes, sous les ordres du général de la Marmora. La première partie du contingent était arrivée à Balaclava le 10 mai ; c'est elle qui prit part à l'affaire du 26.

distance des grandes batteries russes. Ni les obus, ni les boulets, n'arrêtaient leur fougue; les tirailleurs marchaient toujours, fouillant tous les ravins de la vallée, jusqu'à ce que vers neuf heures on sonna la retraite. Les troupes, dans le plus grand ordre, revinrent sur leurs pas vers la Tchernaïa, tout en conservant sur la rive droite les positions que le général en chef jugea utile de garder.

Cette reconnaissance avait eu pour résultat d'éloigner l'ennemi de nos lignes de circonvallation (1), et de constater que son armée, qui avait reculé sur tous les points en refusant le combat, n'était pas en mesure, pour le moment, de venir nous troubler dans la continuation des travaux du siége.

En même temps que s'exécutait ce mouvement dans la vallée de la Tchernaïa, une expédition d'une plus grande importance avait lieu sur un autre point de la Crimée. Le 19 mai, une flottille composée de bâtiments anglais et français, et portant dix mille hommes de troupes de débarquement, partit de Kamiesch, se dirigeant vers l'est. Le 24, elle entra dans le détroit d'Iénikalé, autrefois le Bosphore Cimmérien, qui fait communiquer la mer d'Azof à la mer Noire. Les troupes alliées s'emparèrent, presque sans résistance, de Kertch, l'ancienne Panticapée, et de Iénikalé. Les Russes, chargés de défendre ces places, les abandonnèrent à l'approche des alliés, après avoir fait sauter les magasins et les batteries, et incendié les bâtiments à va-

(1) On appelle *lignes de circonvallation* les retranchements faits par les assiégeants d'une place, dans le but d'empêcher les armées ennemies qui tiennent la campagne de se jeter sur leurs travaux pour opérer une diversion en faveur des assiégés; et *lignes de contrevallation* les ouvrages exécutés pour mettre les travaux d'attaque contre le corps de place à l'abri des sorties de la garnison.

peur de la marine impériale russe qui se trouvaient dans le port; ils brûlèrent aussi une trentaine de bâtiments marchands; mais ils ne purent empêcher les alliés de s'emparer d'un grand nombre d'autres bâtiments marchands richement chargés, et de plusieurs vaisseaux russes de cinquante canons. Les bâtiments à vapeur des alliés pénétrèrent ensuite dans la mer d'Azof, et, la parcourant dans tous les sens, détruisirent les pêcheries, les magasins et tous les objets d'approvisionnement que le gouvernement russe avait entassés sur divers points des rivages de cette mer pour ravitailler son armée de Crimée. Cette expédition a été sans contredit une des plus importantes de la campagne, et par ses résultats et par le peu de sang qu'elle nous a coûté. Non-seulement elle priva l'armée russe d'un de ses principaux moyens de ravitaillement; mais elle anéantit le commerce d'une grande partie de la Russie méridionale, et notamment des vallées du Don et du Volga; et le coup qu'elle a frappé se fit bientôt sentir dans l'intérieur de la Russie, même jusqu'à Kasan et Nijni-Novogorod.

Les heureuses nouvelles arrivées de la mer d'Azof redoublèrent en quelque sorte l'ardeur de l'armée assiégeante. Sous l'énergique direction du général Pélissier, les travaux devant Sébastopol prenaient de plus en plus l'aspect d'un siége méthodique. Chaque jour arrivaient des masses d'hommes et de matériel. On voyait des emplacements grands comme une ville, entièrement couverts de chevaux, de pièces de toutes sortes, d'engins de toutes formes. Les campements des différents corps occupaient un espace de quarante kilomètres. Rien de plus beau à voir que cette multitude de tentes fuyant dans les ravins, s'échelonnant sur les coteaux, rayonnant dans toutes les directions. Sans connaître les intentions des chefs, on s'attendait que quelque grand coup allait être porté, et chacun brûlait d'impatience d'en voir arriver le moment.

Cette attente dura jusqu'au 7 juin, jour où s'effectua la sanglante et mémorable affaire qui prépara la chute définitive de Sébastopol.

Depuis longtemps on avait reconnu, comme nous l'avons dit, que le point stratégique le plus important à conquérir était la tour Malakof (appelée par les Russes Kornilof, du nom d'un de leurs amiraux, qui y avait été tué pendant le siége, et qui s'était signalé l'année précédente au massacre de Sinope). Mais, de leur côté, les Russes avaient compris toute l'importance de cette position, et s'étaient efforcés d'en défendre les approches en fortifiant le Mamelon-Vert, seul point qui dominait la tour Malakof. Le général Totleben, officier du génie d'un talent remarquable, et qui, chargé des travaux de défense de Sébastopol, avait donné dès le commencement du siége des preuves d'une haute capacité, s'était spécialement distingué dans la construction des batteries du Mamelon-Vert, où il avait établi un couronnement formidable, et devenu fameux par les obstacles que son feu apportait à nos entreprises. Les batteries intermédiaires du Mamelon-Vert, en défendant la hauteur qui commande le fond de la baie, présentaient sur toute la ligne un front d'attaque en quelque sorte inexpugnable. Malgré ces difficultés, qui semblaient insurmontables, le général Pélissier résolut d'enlever la position du Mamelon-Vert, seul point d'où il pourrait ensuite avoir raison de la tour Malakof elle-même. Après s'être entendu avec les généraux alliés, toutes les dispositions furent prises pour l'attaque.

Après trois ou quatre jours où nos batteries avaient gardé un profond silence, semblant dédaigner de répondre au feu habituel de l'ennemi, tout à coup, le 6 juin, à trois heures et demie du matin, au moment où l'on s'y attendait le moins, le feu éclate sur toute notre ligne avec une rapidité et une violence à désespérer les plus forts et les mieux retranchés. Toute l'extrême droite est en feu, et nos projectiles s'abattent comme la grêle autour du Mamelon-Vert et de la tour Malakof. Toute l'aile gauche, depuis la Quarantaine jusqu'au bastion du Sud, reste silencieuse. Les Russes, qui croyaient sans doute être attaqués de ce côté, pris à l'improviste, laissent passer plusieurs minutes sans répondre. Mais enfin leurs embrasures s'enflamment et nous répondent avec énergie. Le feu cesse en ce moment pendant une demi-heure, puis il reprend avec une nouvelle violence, et se prolonge toute la nuit et toute la journée du lendemain presque sans interruption.

Le 7 juin, une heure avant le coucher du soleil, trois colonnes s'ébranlent en bon ordre et se portent en avant. La gauche est formée de la deuxième division anglaise et de la première brigade de la première division; la droite se compose des deuxième et troisième divisions françaises, avec un bataillon des grenadiers de la garde, un bataillon de gendarmerie de la garde, les 2ᵉ et 3ᵉ zouaves, un bataillon de chasseurs à pied et un bataillon de tirailleurs indigènes. La réserve, formant la troisième colonne, compte une division anglaise, une brigade française et un bataillon ottoman. Nos braves soldats s'élancent à l'attaque avec leur intrépidité accoutumée; mais ils ont affaire à forte partie. Le Mamelon-Vert et les ouvrages Blancs, qu'ils ont mission de conquérir, sont défendus par vingt-sept bataillons russes et protégés par les batteries du redan. Aussi, pendant que les Français luttent avec héroïsme pour s'emparer de ces positions, le 88e anglais attaque les premières batteries du redan, dites *des Carrières*, et s'en empare en moins de vingt minutes. La lutte se poursuit avec acharnement et avec des chances diverses jusqu'à dix heures et demie du soir. Le Mamelon-Vert et les ouvrages qui l'entourent sont quatre fois conquis par nos braves soldats; mais chaque fois qu'ils y pénètrent, ils sont foudroyés par les bordées du redan, qui les repoussent et les forcent à battre en retraite. En ce moment, deux bataillons d'élite anglais sont lancés en avant, et vont de nouveau attaquer le redan, dont le feu nous est si funeste. Ils s'y précipitent en désespérés; mais, trop peu nombreux pour s'y maintenir, ils doivent céder à des forces de beaucoup supérieures. Cependant ils ne veulent pas se retirer avant d'avoir rempli leur mission, et ils enclouent toutes les pièces de ces batteries, qui se trouvent ainsi réduites à l'impuissance. Aussi, vers dix heures et demie du soir, les Français, qui n'ont plus à redouter ce feu meurtrier, et électrisés par quelques chaleureuses paroles du général Bosquet qui marche à leur tête, montent à l'assaut avec un élan irrésistible. Les Russes sont culbutés, forcés de fuir, et poursuivis la baïonnette aux reins. Emportés par leur ardeur, nos soldats se portent jusqu'à la contrescarpe de la tour Malakof, où le feu de l'ennemi leur cause de nombreuses pertes.

Dans ce combat acharné, l'ennemi donna des preuves d'un courage vraiment héroïque; plusieurs fois il tenta des efforts désespérés pour reprendre ses positions; mais ses efforts se brisèrent contre nos baïonnettes, et les Russes ne purent s'avancer à plus de douze mètres de leurs travaux. Enfin, après toutes les péripéties de cette lutte sanglante, une des plus fortes de ce siége, le Mamelon-Vert, les ouvrages Blancs et les Carrières tombèrent définitivement en notre pouvoir, et nos troupes s'y établirent. Soixante-deux pièces d'artillerie et six mortiers à la Cohorn furent trouvés dans ces ouvrages ; mais la plupart étaient encloués ou hors de service ; neuf pièces de canon qui se trouvaient encore en bon état, et les mortiers à la Cohorn, furent immédiatement tournés contre l'ennemi.

Ce succès glorieux nous coûta cher. Les Français seuls perdirent plus de deux mille hommes, tant tués que blessés ; parmi les premiers se trouvait le colonel Brancion, dont le nom fut donné par le général en chef à la redoute que nous construisîmes sur le Mamelon Vert. La perte des Russes fut évaluée à cinq à six mille hommes.

Dès le lendemain de la prise du Mamelon-Vert et des ouvrages adjacents, le général Pélissier disposa tout rapidement pour en faire la base de notre attaque contre la tour Malakof et l'enceinte même de la Karabelnaïa, faubourg important de Sébastopol. On arma les ouvrages conquis d'une puissante artillerie ; les communications et les places d'armes russes furent transformées à notre usage. Après avoir étudié le terrain et les dispositions de combat, les armées alliées se partagèrent leur tâche. Les Anglais devaient forcer le grand redan, et les Français emporter la tour Malakof, le redan du Carénage et les retranchements qui couvrent cette extrémité du faubourg.

Depuis nos succès du 7, l'attitude de l'ennemi et l'enthousiasme de nos troupes semblaient promettre aux généraux alliés une victoire certaine. Dans la journée du

17 juin, ils accablèrent d'un feu écrasant la place de Sébastopol, et surtout les ouvrages qu'ils avaient résolus d'enlever. L'ennemi cessa de bonne heure de répondre de Malakof et du grand redan. « Il est probable, dit le général Pélissier dans son rapport, qu'il chercha à ménager ses batteries et à réserver ses feux, et qu'il ne subit pas, autant que nous étions en droit de le supposer, les effets de notre artillerie. Quoi qu'il en soit, la supériorité de notre canon nous confirma dans notre projet d'attaquer le 18 juin; et, dans la nuit précédente, nous fîmes toutes les dispositions nécessaires pour prononcer notre mouvement général au point du jour. Trois divisions devaient prendre part au combat : les divisions Mayran et Brunet, du deuxième corps; la division d'Autemarre, du premier. La division de la garde impériale formait la réserve. La division Mayran avait la droite des attaques, et devait emporter les retranchements qui s'étendent de la batterie de la Pointe au redan du Carénage. La division Brunet devait tourner Malakof par la droite. La division d'Autemarre devait manœuvrer par la gauche pour enlever cet ouvrage important. »

Ces dispositions, si elles eussent été exécutées avec la soudaineté et l'ensemble convenables, auraient eu probablement un plein succès. Malheureusement il n'en fut pas ainsi. Le signal devait être donné par une fusée lancée de la redoute Brancion (Mamelon-Vert), au moment que le général en chef aurait jugé propice. Le général Mayran crut apercevoir ce signal dans une bombe à fusée partie de cette redoute, et donna l'ordre à sa division de commencer l'attaque. Ses troupes s'élancèrent avec un magnifique élan; mais, n'étant pas soutenues par les autres divisions, elles furent écrasées par la fusillade et la mitraille de l'ennemi. Le général Mayran tomba lui-même mortellement blessé, et déjà il était emporté du champ de bataille lorsque le véritable signal fut donné. Les autres troupes s'engagèrent alors pour appuyer le mouvement prématuré de droite; mais partout leurs efforts furent repoussés; le général Brunet fut tué. A la gauche, l'attaque du général d'Autemarre parut un instant devoir réussir. Le cinquième bataillon de chasseurs et le premier bataillon du 19ᵉ de ligne parvinrent jusqu'au retranchement qui reliait le ravin de la Karabelnaïa à la tour Malakof, franchirent ce retranchement et entrèrent dans l'enceinte même. Un instant on put croire au succès, un instant nos aigles furent arborées sur les ouvrages russes. Malheureusement cet espoir dut promptement disparaître; ce mouvement, n'étant pas soutenu, laissa les Russes libres de nous accabler avec les réserves et l'artillerie du grand redan, et l'ennemi ne perdit pas un moment pour diriger contre nos intrépides chasseurs à pied toutes les réserves de la Karabelnaïa. Devant des forces aussi imposantes, le brave commandant du 5ᵉ chasseurs, déjà frappé de cinq coups de feu, ramena son bataillon dans les tranchées, et bientôt après le général en chef donna l'ordre sur tous les points d'opérer la retraite.

Cette malheureuse affaire nous coûta des pertes irréparables. Trois officiers généraux ou supérieurs tués : les généraux Mayran et Brunet, et le jeune et brave de Laboussinière, lieutenant-colonel d'artillerie; trente-sept officiers tués et dix-sept prisonniers, quinze cent quarante-quatre sous-officiers et soldats tués ou disparus, quatre-vingt-seize officiers et seize cent quarante-quatre soldats blessés, tel fut le résultat de cette fatale journée. « Ces pertes, dit le général Pélissier dans son rapport, n'ont ébranlé ni l'ardeur ni la confiance de nos vaillantes divisions; elles ne demandent qu'à faire payer cher à l'ennemi cette journée. L'espoir et la volonté de vaincre sont dans tous les cœurs, et tous comptent qu'à la prochaine lutte la fortune ne fera pas défaut à la valeur. » Le général ne s'abusait point sur les dispositions de l'armée ; la suite le prouva bientôt.

Instruit par cet échec de la nécessité de ne s'avancer qu'avec prudence, le général en chef fit reprendre les travaux d'approche contre Malakof et le grand redan, et les fit poursuivre avec une prodigieuse activité. Chefs et travailleurs y déployaient une incroyable ardeur, et semblaient pressés de rabaisser le mouvement d'orgueil qu'avait inspiré aux Russes l'affaire du 18 juin, à laquelle ils donnaient les proportions d'une grande victoire remportée sur nous.

De leur côté, les Anglais prenaient d'énergiques dispositions d'attaque, quand leur armée fut frappée tout à coup d'une immense douleur par la mort de son général en chef, le feld-maréchal lord Raglan, dont la santé était ébranlée depuis quelque temps par des fatigues et des préoccupations de tous genres. Le général Simpson fut appelé, par rang d'ancienneté, à prendre provisoirement le commandement de l'armée, et bientôt un ordre de la reine le confirma dans ce poste éminent.

Dans les premiers jours de juillet, le général d'Allonville fut chargé de faire une reconnaissance dans la vallée de Baïdar, tant pour s'assurer de la force des ennemis sur ce point que pour procurer des fourrages à notre cavalerie.

Le général ne rencontra point d'ennemis, et ramena au camp français une quantité considérable de vivres frais et de fourrages.

N'ayant point à craindre d'attaque de l'armée de secours, les alliés continuaient avec ardeur leurs travaux d'approche. A peine l'ennemi sortait-il de temps en temps de son enceinte pour s'éclairer, et faire reconnaître par quelques hommes l'état de ces travaux, qui prenaient de jour en jour des proportions immenses et de plus en plus menaçantes. Dans la nuit du 14 au 15 juillet, les Russes essayèrent un coup de vigueur contre la gauche des travaux avancés sur Malakof. A une heure du matin, ils exécutèrent d'abord une sortie considérable contre les lignes anglaises, mais sans résultat. Une demi-heure après, une colonne russe, forte de cinq à six bataillons, s'avança par le fond du ravin de la Karabelnaïa et déboucha sur notre gauche. Nos éclaireurs vinrent aussitôt donner l'éveil, et les troupes de garde averties se tinrent prêtes à recevoir les Russes ; presque aussitôt ceux ci attaquaient en poussant des hourras, et en ouvrant un feu de mousqueterie bien nourri ; mais, reçus à bonne portée par un feu non moins énergique, ils ne purent, malgré leurs efforts, s'avancer sur nos ouvrages. Pendant plus d'une demi-heure, ils renouvelèrent leurs attaques sans plus de succès ; enfin, écrasés par notre fusillade et par le tir habilement dirigé de deux de nos batteries, ils se décidèrent à la retraite.

Dans la nuit du 16 au 17, les Russes tentèrent deux nouvelles sorties, l'une sur le même point qu'ils avaient déjà attaqué dans la nuit du 14 au 15, l'autre à notre droite. Mais la première de ces sorties n'était qu'une fausse attaque ; tous leurs efforts se portèrent sur notre droite, qui était l'attaque véritable. Ils furent très-brillamment repoussés par la division Canrobert, de service cette nuit à la redoute Victoria, ainsi que par une partie des bataillons de service de la garde.

Enfin, dans la nuit du 24 au 25 juillet, après un feu d'artillerie très-vif, l'ennemi fit vers minuit une sortie par la gauche du petit redan. A raison de l'extrême proximité des lignes, il ne lui fallut qu'un instant pour se précipiter sur la gabionnade française; mais, vigoureusement reçus par les chasseurs à pied de la garde impériale et par quelques compagnies du 10me d'infanterie de ligne, les Russes rentrèrent à la hâte, en laissant entre les embuscades et le fossé de la place un grand nombre de blessés et de morts.

Ce jour même mourut à Sébastopol l'amiral Nachimof, le *héros de Sinope*, comme l'appelait le journal *l'Invalide russe*. Il avait été frappé mortellement la veille dans le bastion Kornilof (la tour Malakof), au moment où il voulait regarder par-dessus le parapet les travaux des Français. C'était déjà à la même place qu'avait été tué l'amiral Kornilof, autre *héros de Sinope*.

CHAPITRE XII

Les Russes tentent de faire lever le siége en livrant bataille. — Bataille de la Tchernaïa. — Détails. — Assaut de Malakof. — Détails. — Prise de Sébastopol. — Réflexions.

Cependant les travaux de siége avançaient lentement, difficilement, mais sûrement. L'ennemi sentait de plus en plus notre étreinte, et il était évident pour tout le monde que le dénoûment fatal approchait. Nos batteries s'armaient, et bientôt allaient bombarder avec un redoublement de vigueur la tour Malakof et les ouvrages du faubourg de la Karabelnaïa. Les Russes ne pouvaient plus espérer, après tant d'essais infructueux, nous repousser par des sorties. Ce fut alors qu'ils songèrent à tenter une diversion puissante contre le corps d'armée d'observation. Dans un conseil de guerre, tenu le 14 août par les généraux russes, sur les hauteurs d'Inkerman, il fut décidé qu'on tenterait de forcer les positions ennemies entre la Tchernaïa et le Sapoun, et de couper les travaux de siége du corps principal. Plusieurs généraux, notamment le général Osten-Sacken, s'étaient opposés à ce plan ; mais le général Kotzbue, chef de l'état-major général, développa les avantages de cette opération, qui aurait pour résultat, si elle réussissait, de faire lever le siége de Sébastopol, et dont l'insuccès ne pouvait entraîner de graves inconvénients. Le conseil de guerre adopta son avis presque à l'unanimité, et le jour de l'attaque fut fixé au 15. Des obstacles imprévus obligèrent de la remettre au 16. Le commandement fut donné au général Read, commandant du troisième corps d'armée.

Dans la nuit du 15 au 16, le général d'Allonville, qui bivouaquait avec sa division de cavalerie à la naissance de la vallée de Baïdar, envoya prévenir le général en chef qu'il avait du monde devant lui ; mais il sut par sa contenance imposer à l'ennemi, qui ne tenta rien de ce côté et n'osa pas l'aborder.

Pendant ce temps-là, le gros des troupes russes, descendu des hauteurs de Mackensie ou débouchant par Aï-Todor, s'avançait à la faveur de la nuit sur la Tchernaïa : à droite les septième, cinquième et douzième divisions traversaient la plaine, et à gauche la dix-septième division, une partie de la sixième et de la quatrième suivaient les plateaux du Chouliou. Une cavalerie fort nombreuse et cent soixante pièces de canon soutenaient toute cette infanterie. Un peu avant le jour, les postes avancés de l'armée sarde se replièrent, et vinrent annoncer que l'ennemi s'avançait par masses considérables. Peu de temps après, en effet, les Russes garnissaient de leurs pièces de position les hauteurs de la rive droite de la Tchernaïa, et ouvraient le feu contre nous. Le général Herbillon, qui commandait les troupes françaises sur ce point, avait pris ses dispositions de combat : à droite de la route de Traktir, la division Faucheux, avec la troisième batterie du 12me d'artillerie ; au centre sa propre division, avec la sixième batterie du 13me; à gauche la division Camou, avec la quatrième batterie du 13me. De son côté, le général de la Marmora avait placé les troupes de son armée sur leurs positions de combat. En même temps, la belle division de chasseurs d'Afrique du général Morris, rapidement ralliée par la nombreuse et vaillante cavalerie anglaise du général Scarlett, se plaçait en arrière des mamelons de Kamara et de Traktir. Le colonel Forgeot, commandant l'artillerie de la ligne de la Tchernaïa, tenait prête à agir une réserve de six batteries à cheval, dont deux de la garde impériale. Six bataillons turcs de l'armée d'Omer-Pacha, amenés par Sefer-Pacha, venaient nous prêter leur concours. Enfin, le général en chef faisait marcher la division Levaillant, du premier corps, la division Dulac, du deuxième corps, et la garde impériale : réserves imposantes, capables de parer aux événements les plus contraires.

La brume épaisse qui couvrait le fond de la Tchernaïa, et la fumée de la canonnade qui commençait à s'engager, empêchaient de distinguer le point contre lequel l'ennemi comptait faire effort, lorsqu'à notre extrême gauche, la 7me division russe vint donner contre la division Camou. Reçues par le 50me de ligne, le 3me de zouaves, qui les abordent à la baïonnette, et par le 82me, qui les attaque de flanc, les colonnes ennemies sont forcées de faire demi-tour, de repasser le canal, et ne peuvent échapper aux coups de notre artillerie qu'en allant se rallier fort loin ; cette division ne reparut plus de la journée.

Au centre, la lutte est plus longue et plus acharnée.

L'ennemi avait lancé deux divisions contre le pont de Traktir. Plusieurs de ses colonnes se ruent à la fois et sur le pont et sur des passages improvisés à l'aide d'échelles, de ponts volants et de madriers; elles dépassent la Tchernaïa, puis le fossé de dérivation, et enfin s'avancent très-bravement sur nos positions. Mais, assaillies par un mouvement offensif que dirigent le général Faucheux et le général de Failly, ces colonnes sont culbutées, forcées de repasser le pont qu'occupe le 95me, et sont poursuivies au delà par le 2me de zouaves, le 97me de ligne et une partie du 19me bataillon de chasseurs à pied.

Cependant, tandis que le canon continuait de tonner de part et d'autre, les Russes reformaient leurs colonnes d'attaque. La brume s'était dissipée, et il était facile de voir leurs mouvements. De leur côté, nos généraux firent rapidement leurs dispositions pour les bien recevoir; aussi le second effort des Russes, quelque énergique qu'il ait été, vint-il se briser devant nous, et ils durent se retirer, essuyant des pertes considérables.

Une dernière division russe, la 17me, descendue des hauteur du Chouliou, tenta, mais sans succès, de rétablir le combat. Accueillie très-résolûment par la brigade du général Cler et par une demi-batterie de la garde impériale, inquiétée sur sa gauche par les troupes de la division piémontaise Trotti, qui la serrait de près, cette division fut obligée de repasser la Tchernaïa et de se replier derrière les batteries de position qui garnissaient les hauteurs d'où elle était partie. A partir de ce moment, neuf heures du matin, le mouvement de retraite de l'ennemi se dessina complétement : ses longues colonnes s'écoulèrent le plus rapidement possible, sous la protection de masses considérables de cavalerie et d'une nombreuse artillerie. A trois heures toute l'armée ennemie avait disparu.

Toute notre cavalerie ainsi que la réserve n'avait pris aucune part au combat. L'ennemi, voyant son projet avorté, avait conçu l'espoir de nous attirer sous le feu de ses batteries de position et de nous engager entre les hauteurs d'où son artillerie aurait pu nous foudroyer. Le général en chef ne se laissa point entraîner à cette poursuite imprudente. En faisant donner sa cavalerie, il eût pu ramasser quelques fuyards, mais il eût fallu faire défiler nos escadrons par le pont de Traktir, que les projectiles des ouvrages ennemis dépassaient; il eût fallu les lancer dans la plaine sous un feu croisé d'artillerie et de mousqueterie, ayant à dos une rivière, guéable il est vrai, mais dont les berges sont très-escarpées. Grâce à la sagesse du général en chef, notre succès resta intact et complet; l'armée de secours demeura paralysée, et le siége put se poursuivre en toute sécurité.

Ce brillant succès fut acheté par des pertes regrettables sans doute, mais qui n'étaient pas en rapport avec l'importance des résultats obtenus, et avec celles que nous avions fait éprouver à l'ennemi. Dans l'armée française on compta environ quinze cents hommes hors de combat, et dans l'armée sarde, qui avait si vaillamment combattu à nos côtés, deux cent cinquante environ. Une perte bien douloureuse pour cette dernière armée, fut celle du général comte de Montevecchio, blessé mortellement en chargeant à la tête de sa brigade.

Les Russes perdirent dans cette affaire plus de six mille hommes, dont deux mille deux cents blessés et prisonniers restèrent entre nos mains. Parmi leurs morts, que nous ramassâmes sur le champ de bataille, se trouvaient trois généraux, entre autres le général Read, chargé de l'attaque principale. Dans son rapport, le général prince Gortschakof avoue sa défaite et les pertes considérables qu'il a éprouvées; mais il attribue son échec au général Read, qui aurait commencé l'attaque sans attendre les derniers ordres. Il est possible que ce général ait contribué à l'insuccès par une initiative précipitée; mais il n'était plus là, non plus que son chef d'état-major, le général de Weimarn, tué à ses côtés, pour répondre à l'accusation, et l'on peut dire que les vivants ont toujours beau jeu contre les morts.

Ces pertes étaient graves sans doute; mais l'échec moral que faisait subir à la Russie sa défaite sur les rives de la Tchernaïa était bien plus grave encore. Comment, après dix mois passés à défendre le boulevard de sa puissance dans le midi, quand cette forteresse était sur le point de succomber, c'est là tout l'effort qu'elle pouvait tenter pour sa délivrance! et depuis dix mois elle ne cessait d'envoyer en Crimée l'élite de son armée, et d'épuiser pour soutenir cette guerre, concentrée sur un seul point, toutes les ressources de ce vaste empire? Et toutes ces ressources aboutissaient à une défaite, et soixante mille de ses soldats d'élite venaient de se faire battre par quelques divisions françaises et quelques régiments sardes!

Dès ce moment on comprit que la chute de Sébastopol était non-seulement certaine, mais proche. L'empereur, en adressant au général Pélissier une lettre de félicitations sur la victoire de la Tchernaïa, ajoutait : « Dites à ces « braves soldats qui, depuis plus d'un an, ont supporté « des fatigues inouïes, que le terme de leurs épreuves

« n'est pas éloigné. Sébastopol, je l'espère, tombera bien-
« tôt sous leurs coups..... »

La France fut heureusement émue de ces paroles, et elles rendirent la confiance à ceux chez qui une trop longue attente l'avait peut-être ébranlée. Quant à l'armée, elle accueillit ces paroles avec joie ; mais elles n'augmentèrent pas sa confiance dans le succès, car elle n'en avait jamais douté. La victoire de la Tchernaïa avait porté au plus haut degré son ardeur et son intrépidité, et elle attendait avec une impatience mal contenue le moment où son chef lui dirait : *Allez !*

Mais le général Pélissier, quoique assuré du succès, mettait à le préparer une sage lenteur, afin que rien ne pût le compromettre. Dans la nuit du 23 au 24 août, il fit enlever par nos troupes une embuscade établie sur le glacis même de Malakof ; cinq cents Russes sortirent pour la reprendre, mais ils furent vigoureusement repoussés avec une perte de trois cents hommes. L'ouvrage fut retourné contre la place et resta définitivement acquis aux Français. Avec un imperturbable sang-froid, le général Pélissier complétait sous le feu de l'ennemi ses derniers préparatifs d'une façon si formidable, que toutes les combinaisons possibles des défenseurs de Sébastopol devaient être emportées par un véritable ouragan de projectiles et de soldats.

« Nos ouvrages souffrent ! » écrivait le général Gortschakof à son gouvernement. Cet aveu signifiait : « Sébastopol est à l'agonie, » et un conseil de guerre, convoqué par l'empereur Alexandre et composé des hommes les plus compétents, s'assemblait à Saint-Pétersbourg pour chercher les moyens de secourir le *malade* réduit à cette extrémité. Par un juste retour des choses d'ici-bas, le *malade* n'était plus sur les rives du Bosphore!

Tandis qu'on délibérait à Saint-Pétersbourg, on fêtait brillamment à Paris la présence de la reine d'Angleterre, qui venait, par une visite gracieuse à l'empereur des Français, cimenter l'alliance qui unit désormais étroitement les deux souverains, les deux peuples, les deux armées. On eût désiré sans doute, pour donner encore plus d'animation aux fêtes, recevoir, pendant le séjour de notre puissante alliée, la nouvelle depuis si longtemps et si impatiemment attendue. Mais les événements de cette nature ne marchent pas toujours au gré de l'impatience publique, et il fallait se contenter pour le moment de ces dépêches laconiques par lesquelles le général Pélissier faisait connaître ses dispositions, dépêches presque toutes ainsi formulées : « Nos travaux avancent ; tout va bien. »

Enfin, le 10 septembre, éclata dans Paris la nouvelle de la prise de Sébastopol, annoncée par des dépêches successives. Cette nouvelle fut accueillie avec un enthousiasme indicible, comme elle le fut également dans toute la France, en Angleterre et dans une grande partie de l'Europe. La première pensée de l'empereur fut de rendre des actions de grâces à Dieu pour le remercier d'une aussi éclatante victoire. Cette pensée était toute naturelle ; après avoir invoqué, au commencement de la guerre, la protection de Dieu sur ses armes, il était juste qu'il lui témoignât sa reconnaissance pour un si beau, un si grand succès. Le 13, un *Te Deum* solennel fut chanté en grande pompe à Notre-Dame. L'empereur se rendit à cette cérémonie, accompagné des haut fonctionnaires de l'État, des corps constitués et des ambassadeurs de toutes les puissances, et aux acclamations d'une foule immense rassemblée sur tout le parcours du cortége impérial. Dans ce cortége on remarquait l'émir Abd-el-Kader, l'ancien ennemi de la France, le pieux musulman, qui, grave et recueilli, vint assister, dans une basilique chrétienne, aux prières adressées à Dieu pour une victoire remportée par des chrétiens. Toute la ville était pavoisée des drapeaux, fraternellement unis, des puissances alliées. Le soir, elle resplendissait d'illuminations, non-seulement dans ses rues principales, mais dans les quartiers les plus pauvres ; car chacun avait voulu s'associer à cette démonstration qui intéressait toute la population, sans distinction de rangs ni de fortune.

Cependant on n'avait encore reçu que la nouvelle toute sommaire de l'événement, telle que pouvait la transmettre le télégraphe électrique. On en attendait les détails avec impatience ; en voici le résumé, tel qu'il parvint plus tard par les voies de correspondance ordinaire.

Nous avons vu que les travaux du siége s'étaient poursuivis avec une nouvelle activité depuis la bataille de la Tchernaïa. A la gauche, ces travaux étaient parvenus jusqu'à trente ou quarante mètres du bastion du Mât et du bastion Central. A la droite, nos cheminements, poussés très-activement sous la protection du feu de l'artillerie, n'étaient plus qu'à vingt-cinq mètres du saillant de Malakof, et du petit redan du Carénage. L'artillerie avait achevé près de cent batteries en parfait état, très-bien approvisionnées et présentant un ensemble de trois cent cinquante bouches à feu aux attaques de gauche, et de deux cent cinquante aux attaques de droite. De leur côté, les Anglais, bien qu'arrêtés par les difficultés du terrain, étaient arrivés à deux cents mètres environ du grand redan, sur lequel ils se dirigeaient, et ils avaient environ deux cents bouches à feu en batterie. Les Russes, mettant le temps à profit, élevaient du côté de Malakof une seconde enceinte qu'il importait de ne pas laisser terminer. Enfin l'armée de secours, battue récemment sur la Tchernaïa, où elle avait éprouvé des pertes considérables, n'était pas en état, selon toute probabilité, de venir dégager la place et se jeter sur ces positions que nous avions rendues plus fortes, et où nous étions en mesure de repousser tous les efforts de l'ennemi.

Le 4 septembre, eut lieu un conseil de guerre entre les généraux en chef des armées alliées; les amiraux français et anglais y assistaient. Dans ce conseil, toutes les dispositions suprêmes furent réglées; le général en chef Pélissier indiqua minutieusement à chacun des généraux présents sa part dans l'attaque, et leur donna les instructions les plus détaillées. Les renseignements que le général possédait sur l'état de la garnison ne laissèrent à aucun des généraux présents le moindre doute sur le succès. Il ne restait plus qu'à fixer le jour de l'attaque.

Le lendemain, 5 septembre, le feu commença; feu terrible, « infernal, » comme l'appelait le général Gortschakof, qui ne fit qu'accroître d'intensité pendant trois jours, et lança pendant ce temps sur Sébastopol une grêle de bombes et d'obus, qui y répandirent la mort et l'incendie. Ici, une poudrière sautait; là, un édifice devenait la proie des flammes; plus loin, dans le port, deux navires de guerre étaient incendiés.

Dans un dernier conseil de guerre, tenu le 7, l'assaut fut fixé pour le lendemain à midi. On ne devait faire aucun signal, les montres ayant été réglées de manière qu'à l'heure indiquée l'attaque fût commencée simultanément par chacun de ceux qui devaient y prendre part.

Dans le reste de la journée du 7, toutes les dispositions furent prises, et, dès le matin du 8, toutes les troupes furent placées à leur poste. Écoutons maintenant le rapport du général en chef.

« Un peu avant midi, toutes les troupes étaient parfaitement en ordre sur les points indiqués, et les autres dispositions étaient ponctuellement exécutées. Le général de Salle était prêt; le général Bosquet était au poste qu'il avait choisi dans la sixième parallèle; et, moi-même, j'étais arrivé à la redoute Brancion (Mamelon-Vert), que j'avais prise pour quartier général. A midi juste, toutes nos batteries cessèrent de tonner pour prendre un tir plus allongé sur les réserves de l'ennemi. A la voix de leurs chefs, les divisions de Mac-Mahon, Dulac et de la Motte Rouge sortent des tranchées. Les tambours et les clairons battent et sonnent la charge, et, au cri de *vive l'empereur !* nos intrépides soldats se précipitent sur les défenses de l'ennemi. Ce fut un moment solennel. La première brigade de la division Mac-Mahon, le 1er de zouaves en tête, suivi du 7me de ligne, ayant à sa gauche le 4me de chasseurs à pied, s'élance contre la face gauche et le saillant de l'ouvrage Malakof. La largeur et la profondeur du fossé, la hauteur et l'escarpement des talus rendent l'ascension extrêmement difficile pour nos hommes; mais enfin ils parviennent sur le parapet, garni de Russes, qui se font tuer sur place, et qui, à défaut de fusils, se font armes de pioches, de pierres, d'écouvillons, de tout ce qui se trouve sous leur main. Il y eut là une lutte corps à corps, un de ces combats émouvants, dans lequel l'intrépidité de nos soldats et de leurs chefs pouvait seule leur donner le dessus. Ils sautent aussitôt dans l'ouvrage, refoulent les Russes qui continuent de résister, et, peu d'instants après, le drapeau de la France était planté sur Malakof pour ne plus en être arraché.

« A droite et au centre, avec ce même élan qui avait renversé tous les obstacles et refoulé au loin l'ennemi, les divisions Dulac et de la Motte-Rouge, entraînées par leurs chefs, s'étaient emparées du petit redan du Carénage et de la courtine, en poussant même jusque sur la seconde enceinte en construction. Partout nous étions en possession des ouvrages attaqués. Mais ce premier et éclatant succès avait failli coûter bien cher. Frappé d'un gros éclat de bombe au côté droit, le général Bosquet avait dû quitter le champ de bataille. J'avais confié le commandement au général Dulac, qui a été parfaitement secondé par le général de Cissey, chef d'état-major au deuxième corps. Le génie, qui avait marché avec les colonnes d'assaut, était déjà à l'œuvre, comblait les fossés, ouvrait des passages, jetait des ponts. La seconde brigade du général Mac-Mahon s'avançait rapidement pour le renforcer dans Malakof. »

Le général Pélissier fit alors le signal convenu avec le général Simpson pour l'attaque du grand redan, et un peu plus tard pour l'attaque de la ville. Après des efforts inouïs, les Anglais furent repoussés avec des pertes énormes. Nos attaques contre le bastion Central n'eurent pas un succès plus heureux. Mais nous restions toujours maîtres de la tour Malakof, quoique la possession nous en fût vivement disputée. Pendant près de cinq heures, les Russes redoublèrent d'efforts pour reconquérir cette position, qui était pour eux le point capital. Mais le général Mac-Mahon ayant reçu successivement, pour résister à ces combats incessants, la brigade Vinoy de sa division, les zouaves de la garde, la réserve du général Wimpfen, et une partie des voltigeurs de la garde, fit partout tête à l'ennemi, qui fut toujours repoussé. Enfin les Russes voulurent faire une tentative dernière et désespérée : formés en colonnes profondes, ils assaillirent par trois fois la gorge de l'ouvrage, et trois fois ils furent obligés de se retirer, avec des pertes énormes, devant la solidité de nos troupes.

« Après cette dernière lutte, qui se termina vers cinq heures du soir, l'ennemi parut décidé à abandonner la partie, et les batteries seules continuèrent jusqu'à la nuit à nous envoyer quelques projectiles qui ne nous firent plus beaucoup de mal. »

Le général en chef se préparait à repousser de nouvelles attaques pendant la nuit, et prenait des dispositions pour s'établir solidement sur la position qu'il venait de conquérir ; mais bientôt il s'aperçut que ces dispositions étaient inutiles. L'ennemi, désespérant de reprendre Malakof, venait de s'arrêter à un grand parti : il évacuait la ville. « Vers la fin du jour, continue le général, j'en avais eu le pressentiment ; j'avais vu de longues files de troupes et de bagages défiler sur le pont en se rendant sur la rive nord ; bientôt des incendies se manifestant sur tous les points levèrent tous nos doutes. J'aurais voulu pousser en avant, gagner le pont et fermer la retraite à l'ennemi ; mais l'assiégé faisait à tout moment sauter ses défenses, ses magasins à poudre, ses édifices, ses établissements ; ces explosions nous auraient détruits en détail, et rendaient cette pensée inexécutable : nous restâmes en position, attendant que le jour se fît sur cette scène de désolation.

Le soleil, en se levant, éclaira cette œuvre de destruction, qui était bien plus grande encore que nous ne pouvions le penser ; les derniers vaisseaux russes mouillés la veille dans la rade étaient coulés ; le pont était replié ; l'ennemi n'avait conservé que ses vapeurs, qui enlevaient les derniers fugitifs et quelques Russes exaltés qui cherchaient encore à promener l'incendie dans cette malheureuse ville. Mais bientôt ces quelques hommes, ainsi que les vapeurs, furent contraints de s'éloigner, et de chercher un refuge dans les anses de la rive du nord de la rade. Sébastopol était à nous !

« Ainsi s'est terminé ce siége mémorable, pendant lequel l'armée de secours a été battue deux fois en bataille rangée, et dont les moyens de défense et d'attaque ont atteint des proportions colossales. L'armée assiégeante avait en batterie, dans les diverses attaques, environ huit cents bouches à feu, qui ont tiré plus d'un million six cent mille coups, et nos cheminements, creusés pendant trois cent trente-six jours de tranchée ouverte, en terrain de roc, et présentant un développement de plus de quatre-vingts kilomètres (vingt lieues), avaient été exécutés sous le feu constant de la place, et par des combats incessants de nuit et de jour. La journée du 8 septembre, dans laquelle les armées alliées ont eu raison d'une armée presque égale en nombre, non investie, retranchée derrière des défenses formidables pourvues de plus de onze cents bouches à feu, protégée par les canons de la flotte et des batteries du nord de la rade, disposant encore de ressources immenses, restera comme un exemple de ce que l'on peut attendre d'une armée brave, disciplinée et aguerrie.

« Nos pertes, dans cette journée, sont de cinq généraux tués, quatre blessés et six contusionnés; vingt-quatre officiers supérieurs tués, vingt blessés et deux disparus; cent seize officiers subalternes tués, deux cent vingt-quatre blessés, huit disparus; et quatorze cent quatre-vingt-neuf sous-officiers et soldats tués, quatre mille deux cent cinquante-neuf blessés, et quatorze cents disparus : total, sept mille cinq cent cinquante-un. Ces pertes sont nombreuses; beaucoup d'entre elles sont bien regrettables; mais elles sont moins grandes encore que je ne pouvais le craindre. Tout le monde, depuis le général jusqu'au soldat, a fait glorieusement son devoir, et l'armée a bien mérité de la patrie..... »

Nous aurons peu de chose à ajouter aux paroles du général, ou plutôt du maréchal Pélissier, car telle était la nouvelle dignité que l'empereur lui conféra en apprenant sa victoire.

Le siége de Sébastopol restera comme un fait militaire unique, sans précédents jusqu'ici dans l'histoire. C'est moins le siége d'une ville que l'attaque d'un immense camp retranché, défendu par une armée nombreuse, sans cesse renouvelée et ravitaillée, et pourvue de moyens de défense tels qu'il n'en exista jamais de plus nombreux réunis sur un seul point. La chute de cette place a porté à la puissance russe un coup dont elle se relèvera difficilement. Si, après la bataille de l'Alma, Sébastopol fût tombé au pouvoir des alliés, comme le souhaitaient tant d'impatients, ce n'eût été qu'une surprise. La Russie aurait perdu une flotte et un arsenal maritime; mais le prestige de sa puissance n'eût pas été sérieusement affaibli : tandis qu'elle a eu le temps de faire tous les efforts possibles, et qu'elle

les a faits sans pouvoir empêcher la chute de ce nouveau
Gibraltar, qu'elle a usé toutes ses forces, perdu deux cent
mille de ses meilleurs soldats et marins, et qu'elle s'est
montrée, après cet événement, à tel point épuisée, que
sur les derniers champs de bataille elle présentait plus de
recrues que de soldats. Aussi ce que l'on avait prévu est
arrivé. La prise de Sébastopol a amené la paix. Sans doute,
quelques autres faits de guerre se sont encore produits
après ce mémorable événement, tels que la prise de Kinburn,
les brillants combats de cavalerie livrés par le général
d'Allonville dans les environs d'Eupatoria, l'expédition
du maréchal Pélissier dans la vallée de Baïdar, puis la
prise de Kars par les Russes, le seul avantage qu'ils aient
remporté depuis le commencement de la guerre, (car nous
n'osons leur compter comme un succès l'odieux massacre
de Sinope). Mais tous ces faits n'avaient qu'une importance
secondaire, et ne pouvaient exercer qu'une bien faible
influence sur la question principale ; c'était comme après
un violent orage, quand la foudre a frappé et détruit quelque
magnifique monument de l'orgueil humain, ou anéanti les
récoltes d'une contrée entière : le grondement lointain du
tonnerre se fait encore entendre quelque temps, mais il
n'annonce plus que la fin de la tempête et le retour du
calme. L'Autriche jugea que le moment était venu de faire
entendre à la Russie des propositions pacifiques, qu'elle
avait jusque-là constamment rejetées. Cette fois, l'empereur
Alexandre II, « héritier d'une position qu'il n'avait
pas faite, » comme l'a dit Napoléon III, accepta l'intervention
de l'empereur François-Joseph. Les préliminaires de
la paix furent signés à Vienne, et bientôt les plénipotentiaires
de la France, de l'Angleterre, de l'Autriche, de la

Russie, de la Sardaigne, de la Turquie et de la Prusse, réunis en congrès à Paris, signèrent, le 30 mars 1856, le traité qui mettait fin aux hostilités entre les parties belligérantes, et assurait la paix de l'Europe sur des bases solides, et également honorables pour tous les contractants.

FIN

TABLE DES CHAPITRES

NOTICE HISTORIQUE SUR LA CRIMÉE. 1

CHAPITRE I

Ambition de la Russie. — Testament politique de Pierre Ier. — Agrandissement de la Russie depuis Catherine II. — Causes de la guerre actuelle. — Projets de la Russie en 1853. — Circonstances qui lui paraissent favorables à leur exécution. — Prétexte de la querelle entre la Russie et la Turquie. — Question des Lieux-Saints. — Exposé sommaire de cette question. — De tout temps la France protectrice des Lieux-Saints. — Époque à laquelle les Grecs commencent à prétendre à leur possession. — Traité de 1535, entre François Ier et le sultan Soleiman. — Traité de 1621, sous Louis XIII. — Capitulations de 1673, sous Louis XIV, et de 1740, sous Louis XV. — Les Grecs sont soutenus par la Russie. — Intervention du gouvernement français en 1802. — Incendie de l'église du Saint-Sépulcre. — Déclaration de l'empereur Napoléon 1er, en 1812. — Traité de Louis XVIII avec l'empereur Alexandre 1er (1820-21). — Les Grecs continuent leurs usurpations. — Plaintes des catholiques en 1846. — Réclamations du gouvernement français en 1847 et en 1850. — Embarras de la Porte. — Moyen terme qu'elle emploie. — La Russie s'y oppose. — La Porte insiste. — Importance de la question des Lieux-Saints. — Elle n'a été que le prétexte et non la cause de la guerre actuelle. 25

CHAPITRE II

Pensée secrète de la Russie. — Clairvoyance du gouvernement français. — Conduite de l'Angleterre. — Préparatifs militaires de la Russie. — Elle veut associer l'Angleterre à ses vues. — Entretiens de l'empe-

reur Nicolas et de sir Hamilton Seymour, ambassadeur d'Angleterre.
— Propositions que le tzar fait à l'Angleterre. — Elles sont repoussées
par le gouvernement anglais. — L'Angleterre reconnait les véritables
intentions de la Russie. — Mission du prince Menschikof à Constantinople. — Attitude de cet envoyé extraordinaire. — Inconvenance
de ses démarches. — Inquiétudes qu'elles inspirent aux gouvernements de France et d'Angleterre. — La flotte française reçoit l'ordre
de se rendre dans la rade de Salamine. — Le prince Menschikof
demande pour la Russie le *protectorat* de tous les sujets de la Porte
appartenant à la religion grecque. — Effroi du divan. — Différence
entre le protectorat réclamé par la Russie et celui exercé par la France
sur les Lieux-Saints. — Embarras des ministres du sultan. — Conseils
que leur donnent les ministres de France et d'Angleterre. — Solution
de la question des Lieux-Saints. — Déclaration du gouvernement
français publiée dans *le Moniteur*. — *Ultimatum* du prince Menschikof. — Il est rejeté par le divan. — Le prince Menschikof quitte
Constantinople. — Les flottes française et anglaise sont envoyées
dans la baie de Besika. — L'armée russe franchit le Pruth et entre
dans les principautés danubiennes. 45

CHAPITRE III

Déclaration de la Russie à propos de l'invasion des principautés. —
Intervention des puissances occidentales. — Conférences de Vienne.
— Note acceptée par la Russie et rejetée par la Porte. — Déclaration
de guerre de la Porte Ottomane à la Russie. — Manifeste du tzar. —
Modération apparente de la diplomatie russe. — Ses motifs. — Commencement des hostilités sur le Danube. — Bataille d'Oltenitza. —
Hostilités en Asie. — Prise du fort Saint-Nicolas. — Effets de ces
premiers succès sur les esprits en Turquie et en Europe. — Conduite
prudente d'Omer-Pacha. — Tentatives des grandes puissances pour
rétablir la paix. — Incident inattendu qui rend leurs démarches inutiles. — Désastre de Sinope. — Destruction d'une escadre turque. —
Bombardement de Sinope. — Joie que cet événement cause en Russie.
— Indignation du reste de l'Europe. — Deux frégates, l'une française
et l'autre anglaise, vont visiter la baie de Sinope pour reconnaitre
les effets du bombardement. 66

CHAPITRE IV

Indignation produite en France et en Angleterre par la nouvelle du
massacre de Sinope. — Motifs qui avaient empêché ces deux puissances de faire entrer leurs flottes dans la mer Noire. — Détermina-

tion prise en commun par les deux gouvernements. — La Russie demande des explications. — Elles lui sont données. — Le cabinet de Saint-Pétersbourg rappelle ses ambassadeurs de Paris et de Londres. — Lettre de l'empereur Napoléon III à l'empereur Nicolas. — Réponse de l'empereur Nicolas. — Son manifeste à ses peuples. — Évocation des souvenirs de 1812. — Inconvenance de rappeler ces souvenirs. — Circulaire de M. Drouyn de Lhuys à ce sujet. — La Russie, qui se pose en protectrice de la religion prétendue orthodoxe, persécute le catholicisme dans ses États. — Le gouvernement français se prépare à la guerre. — Déclaration de guerre à la Russie annoncée simultanément, en France au corps législatif, en Angleterre au parlement. L'armée française d'Orient est placée sous les ordres du maréchal de Saint-Arnaud. — L'armée anglaise est sous le commandement de lord Raglan. — Emprunt de deux cent cinquante millions. — Le gouvernement français demande aux évêques de prier pour le succès de nos armes. — Lettre pastorale de Mgr l'archevêque de Paris.   81

CHAPITRE V

Défaite des Turcs en Asie. — Leurs succès sur le Danube. — Embarras du tzar. — Traité d'alliance entre la France, l'Angleterre et la Turquie. — Le général Paskewitch est mis à la tête de l'armée du Danube. — Passage du Danube par les Russes. — Siége de Silistrie. — La flotte anglo-française reçoit l'ordre de commencer les hostilités dans la mer Noire. — Envoi d'un bâtiment parlementaire à Odessa. — Les batteries russes tirent sur l'embarcation qui portait le pavillon parlementaire. — Une escadre anglo-française se présente devant Odessa pour punir cette violation du droit des gens. — Bombardement du port militaire d'Odessa. — Expédition de la flotte alliée sur la côte asiatique de la mer Noire. — La flotte russe n'ose se montrer nulle part, et se retire dans le port de Sébastopol. — Continuation du siége de Silistrie. — Belle défense de cette place. — Arrivée des troupes françaises à Gallipoli. — Une autre partie de l'armée alliée, débarquée à Scutari, est envoyée à Varna. — Vaine tentative de corruption envers le gouverneur de Silistrie. — Pertes de l'armée russe. — Les Russes lèvent le siége de Silistrie. — Bataille de Giurgewo; défaite des Russes. — Réunion des divisions françaises à Varna. — Revue de l'armée. — Invasion du choléra. — Mort chrétienne des généraux Ney duc d'Elchingen et Carbuccia. — Lettre d'un aumônier. — Prise de Bomarsund. — Traité de l'Autriche avec la Turquie. — Occupation par l'Autriche des provinces danubiennes. — Préparatifs de l'expédition de Crimée. — Proclamation du maréchal de Saint-Arnaud. — Embarquement. — Réunion à l'île des Serpents.

— Reconnaissance envoyée sur le littoral de la Crimée. — Arrivée de l'expédition sur les côtes de Crimée. — Débarquement et installation de l'armée dans la baie d'Eupatoria. — Proclamation du maréchal. — Occupation de la ville d'Eupatoria. 97

CHAPITRE VI

Bataille de l'Alma. — Extrait du rapport du maréchal de Saint-Arnaud. — Retraite de l'armée russe. — Le prince Menschikof ferme la passe de la rade de Sébastopol en y faisant couler trois vaisseaux de ligne et deux frégates. — Fausse nouvelle répandue en Europe en même temps que celle de la victoire de l'Alma. — Mort du maréchal de Saint-Arnaud. — Ses adieux à son armée. — Son éloge. — Notice biographique. 114

CHAPITRE VII

Le général Canrobert remplace le maréchal de Saint-Arnaud dans le commandement de l'armée. — L'armée se met en route pour Sébastopol. — L'attaque de cette ville est résolue du côté du midi. — Pourquoi. — Règlement des dispositions du siége. — L'armée française chargée des attaques de gauche, et l'armée anglaise des attaques de droite de la place. — L'armée française divisée en deux corps, l'un d'observation, l'autre chargé des travaux de siége. — Difficultés et proportions extraordinaires que présentait ce siége. — On tire des pièces d'artillerie de la flotte. — Ouverture de la tranchée. — Premier bombardement du 17 octobre. — Les flottes y prennent part. — Accident arrivé sur *la Ville-de-Paris*. — Insuccès de ce premier bombardement. — Ouverture de nouvelles tranchées. — Combat de Balaclava. — Pertes éprouvées par la cavalerie légère anglaise. — Sortie repoussée. — Bombardement du 1er novembre. — Peu d'effets qu'il produit. — Bataille d'Inkerman. — Plan des Russes. — Détails de la bataille. — Les Russes sont mis en déroute. — Sortie du côté du bastion de la Quarantaine. — Mort du général de Lourmel. 130

CHAPITRE VIII

Effets de la bataille d'Inkerman par rapport au siége. — On se décide à attendre les renforts avant de tenter un assaut. — Approbation de cette résolution par l'empereur. — Annonce d'envoi de secours. — Reprise des travaux de tranchée. — Installation des camps. — Tempête du 14 novembre. — Perte du *Henri IV* et de la corvette *le Pluton*. — Continuation des travaux de siége. — Tir continuel de la place. — Incroyable consommation de poudre et de boulets. — Nos francs-tireurs. — Moyens employés par les Russes pour se préserver de leurs coups. — Les francs-tireurs russes. — Arrivée des renforts à notre armée. — Souffrances de notre armée pendant l'hiver. — Travaux immenses exécutés par les Russes. — Traité du 2 décembre. — L'armée turque du Danube est envoyée à Eupatoria. — Sortie du 28 décembre. — Les Russes sont promptement repoussés. — Reconnaissance du général Morris au delà de la Tchernaïa. 153

CHAPITRE IX

Nouvelles sorties des Russes. — Emplois qu'ils font de lacets et de crocs pour entraîner nos soldats. — Inutilité de ces sorties pour les opérations de la guerre. — Attaque des Russes contre Eupatoria. — Ils sont repoussés avec perte. — Belle conduite de la petite garnison française sous les ordres du commandant Osmond. — Affaiblissement de l'armée anglaise. — L'armée française est chargée d'une partie des travaux qui devaient être exécutés par l'armée anglaise. — Commencement des travaux contre Malakof. — Importance reconnue de cette position. — Efforts des Russes pour nous en éloigner. — Attaque du 23 février, glorieuse pour nos soldats, mais sans résultats. — Mort de l'empereur Nicolas. — Effet que cette nouvelle produit dans l'armée française. — Crainte de voir discontinuer le siége. — Cette nouvelle n'apporte aucun changement dans la conduite des Russes. — Détails sur une sortie du 15 au 16 mars. — Sanglante sortie du 22 au 23 mars. 167

CHAPITRE X

Le jour de Pâques au camp. — Bombardement du 9 avril. — Il se prolonge pendant plusieurs jours. — Enlèvement de plusieurs embuscades. — En quoi consistaient ces embuscades. — Blessure et mort du général Bizot. — Explosion d'une mine de vingt-cinq mille kilogrammes de poudre. — Les *entonnoirs*. — Travail de la tranchée. — Description de ce travail. — Funérailles du général Bizot. — Belles paroles du général Canrobert. — Suite du bombardement du 9 avril. — On resserre de plus en plus les approches. — Retour d'Omer-Pacha à Eupatoria. — Revue passée par le général Canrobert. — Bonne tenue des troupes. — Attaque dans la nuit du 1er au 2 mai. — Enlèvement d'embuscades et d'ouvrages avancés pris sur les Russes.

— Prise de neuf mortiers à bras. — Forte sortie des Russes pour reprendre cet ouvrage. — Ils sont repoussés. — Démission du général Canrobert du commandement en chef de l'armée. — Honorables sentiments de ce général. — Son ordre du jour à l'armée. 181

CHAPITRE XI

Le général Pélissier est appelé au commandement de l'armée en remplacement du général Canrobert. — Affaires des 22 au 23, et des 23 au 24 mai. — Grande reconnaissance dans la vallée de la Tchernaïa. — But et effet de cette reconnaissance. — Expédition dans la mer d'Azof. — Occupation de Kertch et d'Iénikalé. — Importance de cette expédition. — Nouvel aspect que présente le siége. — Affaire du 7 juin. — Attaque et prise du Mamelon-Vert, des ouvrages Blancs, et des Carrières. — Attaque du 18 juin. — Elle est repoussée. — Reprise des travaux d'approche contre Malakof et le grand redan. — Mort de lord Raglan. — Son remplacement par le général Simpson. — Reconnaissance dans la vallée de Baïdar. — Tentative infructueuse des Russes contre le Mamelon-Vert, dans la nuit du 14 au 15 juillet. — Sorties également infructueuses du 16 au 17, et du 23 au 24. — Mort de l'amiral Nachimof. 199

CHAPITRE XII

Les Russes tentent de faire lever le siége en livrant bataille. — Bataille de la Tchernaïa. — Détails. — Assaut de Malakof. — Détails. — Prise de Sébastopol. — Réflexions. 213

TOURS. — IMP. MAME.

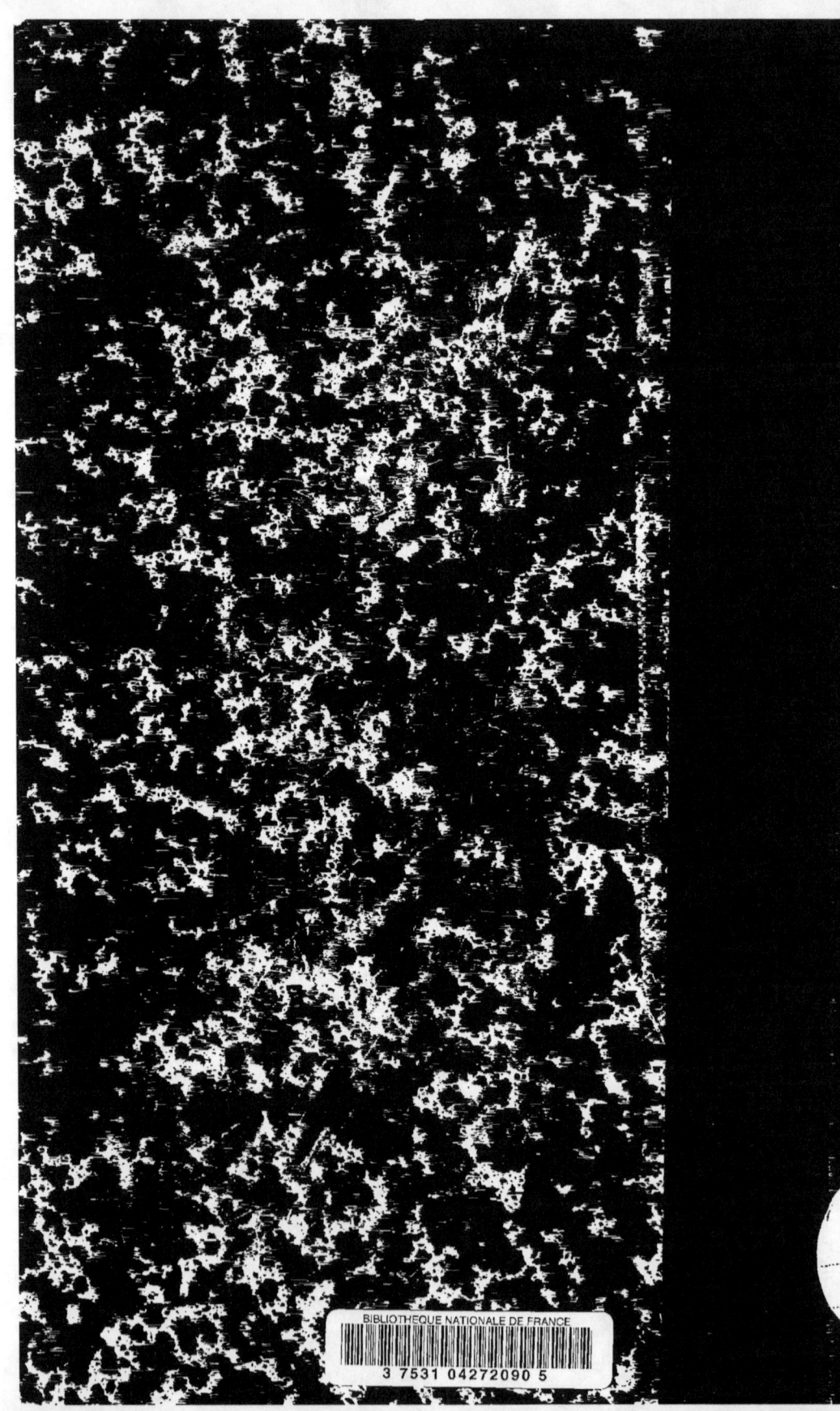

www.ingramcontent.com/pod-product-compliance
Lightning Source LLC
Chambersburg PA
CBHW070526170426
43200CB00011B/2337